中华先锋人物
故事汇

廖俊波

"背石头上山"的领路人

LIAO JUNBO
BEI SHITOU SHANG SHAN DE LINGLU REN

吴尔芬　著

图书在版编目（CIP）数据

廖俊波："背石头上山"的领路人/吴尔芬著. — 北京：党建读物出版社；南宁：接力出版社，2019.4
（中华人物故事汇. 中华先锋人物故事汇）
ISBN 978-7-5099-1157-0

Ⅰ.①廖… Ⅱ.①吴… Ⅲ.①传记小说-中国-当代 Ⅳ.①I247.5

中国版本图书馆CIP数据核字（2019）第077072号

廖俊波——"背石头上山"的领路人

吴尔芬 著

责任编辑：	李雅宁 李文雅
文字编辑：	肖 贵
责任校对：	刘会乔 杜伟娜 杨少坤 王 静 高 雅
装帧设计：	严 冬 许继云 **美术编辑**：高春雷
出版发行：	党建读物出版社 接力出版社
地　　址：	北京市西城区西长安街80号东楼（邮编：100815）
	广西南宁市园湖南路9号（邮编：530022）
网　　址：	http://www.djcb71.com　　http://www.jielibj.com
电　　话：	010-65547970/7621
经　　销：	新华书店
印　　刷：	保定市中画美凯印刷有限公司

2019年4月第1版　　2023年6月第11次印刷
787毫米×1092毫米　32开本　4.5印张　70千字
印数：100 001—105 000册　定价：18.00元

版权所有 侵权必究

质量服务承诺：如发现缺页、错页、倒装等印装质量问题，可直接联系本社调换。
服务电话：010-65545440

目 录

写给小读者的话 ……………… 1

阿宝为什么能进步？ ………… 1
这是一个不可能完成的任务？ …… 7
这条路是你的干儿子吧？ …… 13
妈妈，你为什么哭得

   这么伤心呀？ ……………… 19
奶奶会回来吗？ ……………… 25
政和一中的教学质量

   为什么上不去？ …………… 33
吃下去能练成神功？ ………… 39
东涧美了还要干什么？ ……… 45
他为什么能记住一个

   农民的话？ ………………… 53

老姐，生意好吧？·········· 57

一朵牡丹花的盛开怎么会

　　让大家如此兴奋？········ 63

为什么不做电商呢？········· 69

建栈道需要多少钱？········· 73

哪有这样的副市长？········· 77

文化在哪里？············· 83

什么是家庭真正的

　　"不动产"？············ 87

"悔教夫婿觅封侯"，知道吗？··· 93

你是镇上最大的人吗？········ 99

《差距》到底在讲什么？······· 107

微笑，是他的习惯·········· 111

领导，您不觉得累吗？········ 117

他是真的不近人情吗？········ 123

大爱真的有回应？·········· 131

写给小读者的话

亲爱的小读者，如果把中国比作一所学校的话，福建就是一个班，这个班曾经成绩倒数第一名的学生叫政和县。有一个原来在中学教物理的老师，后来成了政和县的县委书记。他用他的大爱，使政和县进入福建省县域经济发展"十佳"行列，还连续两年进入阿里巴巴"电商百强县"的名单。政和县城有了第一个红绿灯、第一个停车场、第一个市民广场、第一条绿道、第一个城市综合体……政和这个处于"省尾"的县，成了"福建班"的优等生。这个县的县委书记叫廖俊波。

物理老师出身的廖俊波，把自己塑造成一个"能发出可见光的物体"，努力改变着闽北的落后面貌。在荣华山，在政和县，在武夷新区，哪里有廖俊波，哪里就有翻天覆地的变化。

廖俊波始终惦记着群众的冷暖安危，群众关心什么，他就做什么。廖俊波经历的岗位，都是"背石头上山"的脏活累活，需要比别人付出更多的艰辛和努力。同事朋友们都说，他身上有一股阳光的气息，清澈透亮，大爱无疆。

廖俊波殉职后，一千多个沉默的花圈，上千副低垂的挽联，诉说着人们心中的巨大悲痛。短短七天里，参与悼念的人超过四十一万。

生命会消失吗？会的！但是，在爱戴他的人们心里，廖俊波依然在，永远都在。

阿宝为什么能进步？

每个人都有自己的故事，有的人的故事是奋斗的故事，有的人的故事是创造的故事，有的人的故事是革命的故事，而廖俊波的故事是爱的故事。廖俊波的爱，是从爱学生开始的。

廖俊波出生于一个普通的家庭。从南平师专毕业后，他被分配到大埠岗中学当了两年老师。短短的两年时间，廖老师给同学们留下了十项全能的印象，学生们都说他是"超人老师"。他付出的爱，影响了一批学生。

一九九〇年的八月，正值炎热的夏天，二十二岁的廖俊波带着蓬勃朝气和满腔热血，来到邵武市的大埠岗中学教物理，同时还担任班主任。

阿宝是班上最调皮的学生，别看阿宝精瘦精瘦的，打架可不含糊，班上的大个子都怕他。阿宝已经气哭过两个女老师，还气走了一个班主任。新来的班主任廖老师是刚毕业的大学生，同学们又担心又期待，担心的是廖老师没有管理学生的经验，管不住阿宝；期待的是廖老师年轻力壮，打架肯定不怕阿宝。

廖老师一个人带四个班，除了担任阿宝他们班的班主任，还是学校的生活管理老师。

阿宝刚开始很收敛，因为他还不了解廖老师的底细。渐渐地，他发现廖老师除了上课、辅导、备课、批改作业这些日常工作，还给生病的同学煮面，给带饭的同学热饭，帮助后进生学习……

这些都很稀松平常，而且廖老师平时总爱笑，不爱发火。了解这些之后，阿宝就不怕廖老师了。

这天，阿宝又逃学了，他跑去跟堂哥抓鱼。当时通信设备还不普及，交通又不便利，傍晚放学后，廖老师骑着自行车找到阿宝家。

阿宝家在松树坪村，离学校足足有二十公里。阿宝正在跟堂哥处理鱼，抬头一看是廖老师来了，赶紧躲到门后。廖老师却拉了一把小竹椅坐过来，告诉阿宝的堂哥哪一种是什么鱼，什么季节容易上钩。

阿宝一听，忘记了害怕，出来向廖老师请教怎么钓鱼。廖老师没有批评阿宝逃学的事，而是细致地教他如何设诱饵，如何看鱼漂，并且告诉他，这些都是他业余时间读书学到的。读书可以了解并掌握很多生活的技能，让生活变得有趣。

堂哥请廖老师留下来一起吃鱼，廖老师站起来说："谢谢，我们班还有四位同学经常缺课，我得一家一家去看看。"

这时，天已经黑透，阿宝第一次感受到了老师的不容易，主动说："请廖老师放心，我明天一定准时去上课。"

从此，阿宝再也没有逃学。

可是阿宝的基础很差，学习跟不上，上课时，甚至不知道廖老师讲到第几页了。廖老师似乎看透了阿宝的心思，边讲课边从过道走到阿宝身边，帮他翻到正在讲的那一页。阿宝努力对着书听廖老师讲解，感受到廖老师身上有一股阳光的气息。

生活管理老师的工作内容琐碎又繁杂，最考验老师的责任心。

早上五点，生活管理老师要组织住校生晨读与吃早餐；中午，组织学生吃午餐，睡午觉；晚上，又要组织学生回宿舍休息。一天忙下来，廖老师往往要到晚上十一点才能安心睡下。

廖老师注意到，从教室到宿舍的那条小路很窄，四周杂草丛生，大大小小的石块随处可见。每天有几百个学生在那条小路上来来回回，容易绊倒。

廖老师立刻向学校申请拓宽小路，校长很为难，但还是同意他组织学生利用课余时间修整小路。当廖老师扛着锄头去修路时，第一个跟上来的就是阿宝，他挥起铁锹干活，把廖老师锄下来的土石铲到旁边。其他同学一看，连阿宝都出动了，也都纷纷迅速行动起来了。

在廖老师的带动下，小路不但变宽了，还铺上了石板，从此，学生们可以走在平坦的路上了。

廖俊波教的是最难应付的八年级学生，也就是初中二年级。这个阶段的学生处于青春期，有问题的学生可不止阿宝一个。愿意学习的同学非常专心刻苦，不喜欢学习的同学不但会影响班上其他同学，还容易染上一些恶习。很多家长束手无策，把纠正孩子注意力不集中、扰乱课堂纪律、学习成绩差、脾气不好易冲动等问题的希望，都寄托在学校的老师身上。

面对这些难题，廖俊波不仅虚心向老教师请教，还阅读了大量的教育类书籍，提升自己的教学管理水平。他把老教师的经验和自己创新的方法相结合，摸索出了一套可以鼓励学生团队协作、相互激励的新方法。

他把每六个学生编成一个学习小组，每个小组的学生能力各不相同。成绩优异的学生不但可以帮助成绩较差的学生，还巩固了自己的知识体系；成绩较差的学生也在尖子生的带动下发奋用功。阿宝跟班长编在同一个学习小组，他铆足了劲，要放手一搏，好好读书。

廖老师教的是物理课，他总是把难懂的知识点用通俗易懂的方式教给学生，还通过制作一些教具，进一步提高学生的学习兴趣。利用常见的物品自制教具，取材便利，成本低廉，不但能丰富学生的课外活动内容，而且能改善"满堂灌"的现象。

　　阿宝家里穷，从来没有用过钢笔。廖老师拿出一部分工资购买学习用品，奖励那些刻苦用功的学生。阿宝得到廖老师奖励的一支钢笔，却舍不得用，他对廖老师说："我爸经常讲，有文化的人口袋里才插钢笔，我现在有钢笔了，将来一定要做个有文化的人，不然配不上这支钢笔。"

　　廖老师带的班，期末考试平均成绩在附近四个乡镇的五所学校里排名第一。廖老师对学生的爱，阿宝是记在心里的。

　　两年后，也就是一九九二年七月，廖俊波被调到大埠岗镇政府任文技校教导主任、党办主任。虽然工作繁忙，也不再是一名中学教师，但他依然真心爱着学生们。

　　二十多年过去了，阿宝长大成人，心里一直怀着对廖老师的敬佩和感激之情。

　　廖老师对学生们的关爱是一粒种子，在大家的心里发芽，然后生根长叶，最后结出爱的果子，让更多的人品味爱与被爱的滋味。

　　阿宝说："廖老师爱我，我就要爱别人！"

这是一个不可能完成的任务？

一九九八年六月二十二日，邵武市遭遇特大洪灾，拿口镇损失惨重，镇上有五百七十四栋房屋倒塌。整个拿口镇一片汪洋，几乎成为一座孤岛，空军要用直升机向拿口镇投放生活用品和食品。

临危受命，新任拿口镇镇长的廖俊波给自己定下目标：以最快的速度开展重建工作，让受灾群众在春节前搬入新居。

这个任务异常艰巨，可不是说着玩的。

面对五百多户受灾群众，廖俊波白天忙不过来，就利用晚上的时间，挨家挨户了解受灾情况。当时的路不好走，有些村甚至还没通上电，有人劝他说晚上走访不安全，但廖俊波相信没有调研就没有发言权，唯有到现场才能了解实际情况，提出切实可行的解决方案。所以，廖俊波坚定地说："百姓的事是天大的事，不到现场，怎么知道老百姓需要什么？"

于是，每天晚饭后，总能看到廖俊波带着一小队人马，打着手电筒，一个村一个村地走访受灾户。

下基层走访，廖俊波从来不是简单地走一走，每次他都能抓住问题的关键。哪家没劳力，谁家缺资金，他都掌握了详细情况，迅速找出关键所在，直面问题，提供行之有效的解决方案。两个多月的调查走访期间，他没有回过一趟市里，人变得又黑又瘦，苍老了许多。

很快，廖俊波就把受灾户走访了个遍，在深入了解情况后，他得出结论：要想实现春节前受灾群众全部搬进新房的目标，必须解决两个问题，一个是砖块的供应问题，一个是困难户的安置资金筹集问题。

但是，邵武市不少乡镇都受灾严重，大量新房建设使得砖块供不应求，价格大幅上涨，不少砖厂的订单排到了两个月后。

建民居普遍使用红砖,小部分仿古建筑用青砖,青砖的生产成本更高,价格更贵,一般人用不起。

邵武市有几家红砖厂,廖俊波摸了个遍,在地图上标出来,然后挨家去拜访。

廖俊波来到砖厂,老板指着发青的次品砖说:"这些砖要吗?盖不了房子,砌个猪圈、牛栏还是可以的。"

廖俊波为难了,尴尬地说:"老板呀,我们拿口镇的群众可是指望买好砖盖新房,他们是要搬新家、过新年的。能不能关照一下,把好砖卖给我?百年大计,质量第一,群众盖房子不容易啊!"

老板又指着被暴雨冲成稀泥的黏土说:"原材料都没了,道路成了池塘,外地的黏土运不进来,工人没事干,我又不是变戏法的,变不出砖块给你。"

"价钱好商量,稍微贵那么一点点,我理解,也可以接受。"

"不是钱的事,俗话说,巧妇难为无米之炊,你到别处去看看吧。"

这么说来,春节前搬进新房,变成了不可能完成的任务?

既然在邵武本地出高价都买不到砖块,那就去福州。廖俊波算过一笔账,从福州买砖块,加上运费也比在邵武买高价砖便宜。

廖俊波赶到福州,检查砖块质量,跟厂家谈价钱,联系铁路运输,比自己盖房子还用心。

福州的红砖终于运进了拿口镇,得知消息后,廖俊波将全镇干部紧急集合,每人发一双手套,赶赴火车站卸车。"砖列"到了!他带领大家冲进站台,排成一队,抓紧时间传递着卸砖。

"时间紧迫,速度快点,注意安全!"他边传递砖块,边叮嘱同事们。

连日奔波劳累的他不一会儿就满头大汗,手套也磨破了。旁边的干部看他疲惫的样子,劝他先休息一会儿再参与"接龙",他拒绝了,因为限定的两个小时快到了!

群众抢着要砖,廖俊波向大家保证,红砖管够,一定会满足每家每户盖新房的需求。

廖俊波的这一举措,不但解了受灾群众的燃眉之急,还让每户节省了几千块钱。拿口镇的所有受

这是一个不可能完成的任务?

灾群众都如期在春节前住上了新房,让其他乡镇的受灾群众羡慕不已。

受灾群众得到合理安置后,廖俊波紧锣密鼓全力恢复灾后生产,为拿口镇引进三家养鳗场,改革两家镇办企业,规划建成千亩工业园区。拿口镇逐渐被打造成了工业重镇。

廖俊波用个人的辛苦,换来百姓的幸福。

这条路是你的干儿子吧？

豆豆是邵武市的一名高中生，他的作文特别好，经常是老师在课堂上宣读的范文。

"我家种了二十亩水蜜桃，个个果大色红，肉厚汁多，又香又甜。"类似这样的话，在豆豆的作文中屡屡出现。可是，同学们谁也没有吃过这么好吃的水蜜桃，他们怀疑豆豆是在吹牛。

豆豆很生气，背了一书包水蜜桃到学校，分给大家吃。同学们还是不信，他们怀疑豆豆的水蜜桃是水果店里买来的。一个同学还说："你家的水蜜桃这么好吃，为什么城里买不到？难道二十亩都是种给自己吃的吗？"

就这个问题，豆豆请教了爸爸。爸爸说："很简单，运不出去。我们村离拿口镇十几公里，全是山路，只能一担一担地挑，挑到拿口镇再请货车运到城里，运费太贵了，也很难保鲜。水蜜桃不比苹果，保质期短，经不起颠簸，娇贵得很。"

豆豆很失望："这么说，我城里的同学就不可能吃上水蜜桃喽？"

豆豆家在拿口镇朱坊村，因为有两条溪水，古时候叫作双溪，后称朱坊乡。一九五六年改为朱坊公社，一九七二年与拿口公社合并，称朱坊村。

朱坊村约一万三千人，差不多占拿口镇人口的一半。因没有配套的公共基础设施，庞大的人口规模与落后的公共基础设施形成了矛盾。

从朱坊村到拿口镇有十几公里远，相当于绕足球场跑四十多圈，这么远的距离，却只有泥巴路。一旦遇上下雨天，路面湿滑泥泞，交通就更加不便，水果、毛竹等土特产很难运出去。

一天，镇长廖俊波来朱坊村走访，豆豆的爸爸向廖镇长诉苦："我的水蜜桃特别香，不是我吹的，离着老远就能闻到我家桃子的香味。可是，这么好的桃子我不能全部自己吃呀。镇长看看，我采摘、保存、贮藏水蜜桃，不容易呀。可是老天爷要下雨，泥路成了泥塘，桃子运不出去，急死人了。"

豆豆爸爸的焦虑绝不是个人的，有普遍性，他越讲越气愤。廖镇长招招手请豆豆爸爸坐下，让他别激动，还笑着说："目前唯一的办法，是加大对朱坊片区的公共基础设施投入。道路就是人心，如果把泥巴路变成水泥路，或者是柏油路，你的桃子就能运出去了。"

"对呀，要致富，先修路。"豆豆爸爸一拍桌子说。

廖镇长哈哈大笑："这个道理我懂，你放心，我马上把拿朱公路建设列入议事日程。"

初步测算，十几公里长的水泥路需要近六百万元，而修柏油路只要四百万元，但是使用年限不一样。为了避免重复投资，与交通局专家探讨后，廖俊波拍板："柏油路最多保八年时间，每公里一年还要花近万元的养护费，不如一步到位，修水泥路。"

然而，拿口镇政府一年的财政收入才一百万元左右，还要确保政府的正常运行和工资的按时发放。

"再苦不能苦百姓，镇里勒紧裤腰带也要把这条公路修起来。"廖俊波斩钉截铁的话传到朱坊村的家家户户。

为此，廖俊波经常出现在邵武、南平、福州，前前后后奔波一年多，向上级政府争取到了三百万元的道路修建资金。他还动员有能力的人捐款，发动干部、教师自愿捐款，通过各种方式，筹集到了另外的三百万元资金。

水泥路的施工质量，直接关系着路面的使用年限，对路面的稳定性、安全性、坚固度也有较大的影响。"百年大计，质量第一"的道理，廖俊波比谁都明白。

施工一开始，廖镇长就带着技术人员到现场查看情况。他发现备料中的石子表面有泥土，立即找到施工单位负责人，严肃地说："拿朱公路的建设是百年大计，一定要确保工程质量，这些石子上的泥土必须用水洗掉。"

廖镇长还要求现场的施工人员严格按照要求进行操作，没冲洗过的石子坚决不能用。技术人员和施工班组经过探讨，决定采用高压水枪对所有石子进行冲洗，将石子上附着的泥土冲洗干净再使用。

施工单位负责人私下里说："廖镇长太严格了，我们用高压水枪给所有铺路的石子进行了冲洗，光买柴油就花费了四十多万元。"

廖俊波首先要求交通部门指派有经验的技术人员来指导；其次，派出镇里建设站的工作人员全程跟踪监管；同时在每个村选出两名有威望的村民代表，到了哪个村的施工路段，就让这个村的村民代表一起参与施工管理。豆豆的爸爸就是村民代表之一。

原材料的选择，模板安装，混凝土的搅拌质量和运输情况……廖镇长要求技术人员三班倒，决不放过一个细节。只要有空，廖镇长就出现在工地上。

混凝土养护和填缝工作是路面施工中的后期工序，是保证水泥路面质量的必要条件。除了安排人员及时浇水，保证路面的湿度，廖镇长还要求用稻草遮盖路面，避免阳光直射。

豆豆的爸爸在搬运稻草时，跟廖镇长开玩笑

说:"这条路是你的干儿子吧?"

廖俊波乐了:"什么干儿子?是我的亲儿子!"

二〇〇〇年底,长十几公里、宽七米的拿朱公路顺利通车。大批群众自发敲锣打鼓地给镇政府送来锦旗,半年都没睡一个好觉的廖俊波,乐呵呵地笑个不停,脸上看不出一丝疲倦。

朱坊通了车,已经是一名大学生的豆豆,准备请高中同学年后来朱坊观赏桃花,端午节后来品尝水蜜桃。他在邀请函中写道:

"每年三月,花汛到来,所有的花朵都在风中开放。来吧,到最养眼的朱坊来,欣赏美丽的桃花,动人的桃花,幸福的桃花,快乐的桃花。"

妈妈，你为什么哭得这么伤心呀？

如果一个人的妈妈是老师，妻子是老师，自己也当过老师，是不是会对学生特别有感情？

廖俊波就是这样的人，他当了福建省邵武市拿口镇镇长以后，对学生的感情跟当老师时是一样的。

廖俊波虽然是个镇长，但他对学生的态度就好比父母对孩子，老师对学生，除了爱护，还希望每个人都能成才。

眼看着镇里只有初中，没有高中，很多家庭困难的学生没办法去县城读高中，不得不结束美好的校园生活，外出打工。廖俊波跑上跑下，办各种手续，牵头在拿口镇创办高中。

为了让学生以更好的状态冲刺高考，镇政府每天给每个学生添加一枚鸡蛋增加营养。鸡蛋虽小，却代表着廖俊波一颗炽热的心。

一九九九年夏天，家住拿口镇朱坊村的陈艳同学参加完高考，被泉州经贸学院录取。别的同学拿到大学录取通知书欢天喜地的，只有陈艳不敢出门，独自在家默默流泪。因为她家经济困难，家里人想让她放弃读大学，外出打工。陈艳悄悄把通知书收在箱底，去镇里的竹筷厂打工挣钱。

拿口镇属于亚热带季风气候，温暖湿润，土地肥沃，竹林密布，因此能生产优质的竹筷。竹筷厂里大多是女工，普遍比陈艳大好几十岁，陈艳跟她们很少有共同语言。

竹筷厂的整个流程要求力争保留竹子的天然性，不添加任何化学物质，用户在使用筷子时，可以嗅到淡淡的竹子香味。这就给工人的生产提出了更高的要求。陈艳毕竟是高中生，体力、技能和工作的熟练程度都不能跟其他工人比，在流水线上干得很吃力。

厂房简陋，竹屑飞扬，机器轰鸣，站着干活的每一天，陈艳都会想起安静而优雅的教室，想起坐着听老师讲课的时光是多么美好。

那是一个周末，傍晚下班后走出竹筷厂的大门，陈艳突然特别特别想读书，想老师和同学们。竹筷厂到镇里的最后一班车已经开走了，陈艳拖着沉重的脚步，走了五公里的山路回到镇上，搭上了最后一班回朱坊村的班车。

陈艳太累了，第二天是休息日，她想在家好好睡一觉。令她没想到的是，一个面带笑容的中年人和村干部突然出现在她的家中。陈艳这时才知道，这个和蔼可亲的中年人就是镇长廖俊波。

廖俊波坚定地对陈艳的父母说："再苦再穷也得想办法让孩子上学呀，知识改变命运。"

这是做梦吗？难道我又可以读书了？陈艳不敢相信自己的耳朵，她从绝望中看到了希望。廖俊波看出了陈艳的疑惑，对她坚定地点点头："我来资助你！"

陈艳终于圆梦泉州经贸学院了！当她走在宽阔的校园大道上时，她觉得心在飞扬，梦想在飞扬。

在泉州经贸学院的三年，每年寒暑假，陈艳都会准时收到廖俊波给她的两千多元。在那个年代，这笔钱对陈艳来说真的是一笔巨款。陈艳是个懂事的孩子，她心里明白，当镇长的廖叔叔上有老，下有小，并不富裕，这每年的两千多元，是他从牙缝里省出来的。

陈艳很珍惜来之不易的学习机会，在校期间，她多读书，多实践，多参加活动，被评为"泉州市三好学生"。

她牢记廖俊波的叮嘱，知识改变命运。三年后，陈艳顺利从泉州经贸学院毕业。她一边工作一边读夜大，毕业三年后又取得财会专业的大专文凭，还通过了会计师资格考试。

后来，陈艳成为泉州一家知名房地产公司的财务经理，有了一份待遇丰厚的稳定工作。接着，她又在泉州组建了幸福的家庭，有爱她的老公和她爱的女儿，公公婆婆对她也爱护有加。

陈艳觉得自己是个幸运儿，能遇到廖俊波这样的好镇长，是他的资助改变了自己的命运。如果没有廖俊波，她也许在哪里打工，不可能有自己选择、自己追求的生活方式。

有一次，陈艳在网络上看到廖俊波的照片，发现原先很帅气的廖叔叔怎么苍老了那么多。陈艳给他打电话，劝他不要太辛苦了，身体要紧。廖俊波虽然嘴上说好，但陈艳知道，他是根本停不下来的。

陈艳最遗憾的是，认识廖俊波这么多年，结婚之后就只是逢年过节打电话问候，却没有带着老公和女儿去看望过他。陈艳总认为廖叔叔还很年轻，总觉得来日方长。

得知廖俊波去世的那天，七岁的女儿看她哭红了双眼，也难过地靠在她的怀里，怯怯地问道："妈妈，你为什么哭得这么伤心呀？"

二〇一七年三月二十四日，在廖俊波的遗体告别仪式上，陈艳身穿黑色羽绒服，泪如雨下。"廖叔叔，你怎么走得那么突然！"这次，她是专程从泉州匆匆赶来的。

陈艳对廖俊波的思念一天也没有停止过，在他去世两个月的那天，陈艳给九泉之下的廖俊波写了一封信，寄托对廖叔叔的哀思。信的结尾是这样写的：

"廖叔叔，您太累了！您这一辈子都是在关心别人，关心自己太少。廖叔叔，您安息吧！我会记住您的嘱托，用知识改变命运，像您那样无私地去帮助身边的人，用这种方式来回馈您的恩情。我永远都不会忘记您！"

陈艳把廖俊波当成自己的老师，正是这位无私的老师，以自己的爱心教导她要怎样为人，让她知道怎样的人生才是有价值的。

奶奶会回来吗？

佳佳很喜欢奶奶，可是奶奶要离开她。准确地说，奶奶不是不喜欢佳佳，而是不喜欢政和这个小县城。

政和县城到底哪里让奶奶不满意呢？奶奶说了："这个破地方，楼房矮矮的，街道窄窄的，连个跳舞的广场也没有。"

佳佳只问了一个问题："奶奶，如果我们政和有了广场，您会回来吗？"

奶奶哭了："我的傻孙女，政和驴年马月才能有广场呢？"

政和县地处闽北山区，群山连绵，河川密布。过去没有支柱产业，群众信心不足，经济实力长期处于福建省末位，被戏称为"省尾"，尾巴的尾。

如果把中国比作一所学校的话，福建就是一个班，政和是福建这个班倒数第一名的学生。老百姓用"洗澡洗到黄河，当官当到政和"来形容这里条件艰苦，穷家难当。

政和县城老旧破败，没有市民广场，没有像样的桥梁，甚至没有红绿灯、斑马线。县里没有几家像样的工厂，连县委大楼的墙上都有很多裂缝。

二〇一一年，廖俊波初到政和县任职，面对"省尾"的狼狈状况，他没有抱怨，没有等待，他要在政和县办工业园区。可政和县既没有工业基础，也没有资金支持，在众人眼里，办工业园简直是天方夜谭。

廖俊波不这么看，他说："政和毗邻闽东、浙南，是南平离海最近的县，又有省里和市里大力帮扶，高速公路即将开通，我们可以借力借势，主动承接沿海的产业转移。"

"不怕穷，就怕穷惯了。咱来个大战役，把信心士气提起来！"廖俊波第一次提出，要改变"穷人思维"。

开头两个月，廖俊波很少待在办公室，他带着人下乡，进厂，家访，夜谈……这位新来的县委书记，会掏出什么牌呢？

廖俊波上任第五十五天，也就是当年八月十八日，一个政和县历史上从未有过的会议，在县城隆重召开。

参加人员：全县二百多名副科级以上干部。

会议主题：政和怎么办？

会议形式：务虚。

会议时间：三天。

曾经的中学物理教师，给大家出了题：政和县能不能发展？要发展什么？如何发展？答题的具体要求是尽量"说真话，说实话，说思考过的话"。

政和县第一次开这么长时间的务虚会，在廖俊波的鼓励下，大家畅所欲言。

"落后地区，观念也可以领先！"廖俊波最后开了腔，"政和落后，主要是观念、干劲落后。"

"浙江也有山区，人家发展得怎么样？政和向东，过了宁德就是港口、大海，向北就是浙江、长三角，很快，高速公路、高速铁路就会修过来，我们的条件一点儿也不差。"

为此，廖俊波点起了"三把火"：一是深挖传统农业优势，抓好扶贫；二是大力发展工业、城市、旅游和"回归"四大经济；三是把原先分散的园区"三合一"，完善配套，提升档次。

什么叫"回归"经济？新概念，大家听着有点蒙。廖俊波解释说："光在上海，就有三万多政和人在创业经商，他们想为家乡出力，可以动员他们回归啊！"

他最后亮出底牌：从自己做起，县里所有干部下一线。

建设集中的开发区，地从哪儿来？廖俊波穿上运动鞋，背上地图，带人在城郊的荒山、河滩里转悠，然后开会讨论，最终敲定了一片山地，分期开发。

钱从哪儿来？光架桥铺路就要五千万元，可政和县过去连三十万元的项目都要上常委会讨论。

"大家看，能不能先不建县委办公楼，搬出来分散办公，这不就有四千万元了吗？其他的再争取各方支持。"廖俊波跟县长商量，"我们已经慢了奶奶会回来吗?

一大截，等不了了！"

能去现场，就不在会场，廖俊波恨不得吃住在工地。每天再晚，他都要到工地走一趟。没有光，就打手电对着图纸看，或者让司机打开车灯照着看。

三个月后，征下了三千六百多亩地；半年后，首家企业投产；一年后，工厂招工的广告贴满大街小巷。

上任的第一年，廖俊波就启动了三十一个城市建设项目，总投资二十六亿多元。一时间，小县城成了大工地，一场城市建设的"大会战"紧锣密鼓地进行。

佳佳惊讶地发现，政和这座老县城，几乎是一天一个样：主街改造，桥梁建设，让佳佳出行更方便。政和县的城市建设实现了一个个零的突破——第一个红绿灯、第一个停车场、第一个市民广场、第一条绿道、第一座文化中心、第一个城市综合体……政和这位"省尾"县，成了"福建班"的优等生。

有了市民广场，奶奶就不好食言了，高高兴兴地拎着一台崭新的录音机回到政和县。奶奶对佳佳说:"我下车一看,现在的政和县城跟以前比确实大不一样了。还是政和好,我再也不离开了。"

佳佳家里还有一件喜事。南平市第一医院政和分院签约,揭牌,政和县医院成为南平市首个实现托管的县级医院。效益上去了,在县医院上班的妈妈收入明显提高;人才回流,也不用天天加班了,还能带佳佳去文化中心听讲座,去城市综合体买衣服。

廖书记总是能满足她的愿望,对此,佳佳深信不疑。

政和一中的教学质量为什么上不去？

二〇一一年，到政和县担任县委书记不久，廖俊波就听说，政和县已经二十五年没有出过一个清华、北大的学生了。

一九八八年，政和一中有个叫陈丰华的学生考取了清华大学。从那以后，政和一中就与清华、北大无缘了。

政和县教育资源稀缺，很多家长宁愿送孩子到邻近的建瓯市读中学。

这件事让廖俊波心痛，他说："孩子是家庭的希望，教育是政和的未来。"于是，他下定决心好好调研一下，政和一中的教学质量为什么上不去。

二〇一一年的十月二十四日，廖俊波带着心里的疑虑，叫上分管教育的副县长余向红，夜访政和一中。

廖俊波毕竟是教师出身，他看得很细，一间间教室、一个个办公室走下来，他主要就是看老师在不在岗。从学生的作业到老师近期阅读的书刊，他都不错过，细细查看。

那天晚上，廖俊波在学校一直待到学生晚自习结束。临走前，他还跟魏明彦校长在教学楼前的空地上聊了半个多小时。

廖俊波牢牢地将魏校长提的建议记在心上，想办法提高政和一中的教学质量，改善教育、教学环境。

为了能更好地了解学生的学习情况，每年四月的高三毕业班省考质量分析会前，他一定会要三份资料：学生总成绩的排名表、单科成绩的排名表以及政和一中在全市所处情况的汇报。分析会上，他对学生的整体情况已经心里有数，提的建议都是切合实际的。他经常在忙完一天的工作后，夜幕降临之时，出现在政和一中教学楼的走廊上，观察学生的晚自习情况。

老师们都开玩笑，称廖俊波为政和一中的"编外教师"。

二〇一二年的冬天，极寒天气来临，天气预报说第二天要下雪。当时政和一中有一千名寄宿生，但学生宿舍仅能容纳一百人，其余的学生都零散租住在学校附近的民房里。

"不能让孩子们冻着！"廖俊波连夜和分管教育的副县长余向红带队到学生宿舍和学校附近的民房中，挨家挨户查访学生有没有受冻。

"一定要尽快修建学生宿舍，给所有寄宿生一个温暖的环境！"查访过后，廖俊波下决心募集资金兴建学生宿舍。

他用募集到的一千七百万元盖了两栋学生宿舍楼，所有寄宿生都搬进了拥有独立卫生间和洗衣房的崭新宿舍。

在改善校园环境、增加教育经费的同时，廖俊波经过协调沟通，推进与福州名校的教师结对子工作，增强师资力量。后来，政和一中到福建师范大学附中、福州一中挂职、培训的教师越来越多，而省城这两所学校每年也有教师走进政和一中的课堂。

廖俊波主张，不能把学生教成考试机器，而是要全面提升素质。因此，政和一中把校园文化建设列入工作要点，作为素质教育的一项工作来抓。学校筹建了校园文化广场，成立了多个校园社团，如"芳洲"文学社、小记者团、广播台、艺术团等，创办了《一中简讯》《奔流》《芳洲》《团刊》等刊物。

政和一中还在校园文化广场举办新年晚会、英语晚会、"红五月"歌手赛。只要有空，廖俊波都会来观看同学们的表演，用掌声鼓励他们。

廖俊波爱好摄影和书法，又是书迷，他帮助政和一中规划各学科的讲座、专刊、竞赛、兴趣小组等活动，形式多样，内容丰富，既丰富了学生的课余生活，又提高了学生的素质。

功夫不负有心人，政和一中培养出了一批文学、钢琴、书法、声乐等方面的特长生。教师创作的歌曲，学生创作的音乐、美术等作品在国家、省、市比赛中屡获奖项。

同学们都觉得，在政和一中读书更有乐趣了。

二〇一三年高考，政和一中的学生薛盛豪以总成绩六百四十九分的高分，被北京大学医学院口腔医学专业录取。

喜讯传遍了整个政和县，政和又出北大生了，结束了二十五年来没有出北大生的历史！

二〇一四年以来，去外地读中学的学生越来越少了；

二〇一五年，政和一中通过省一级达标校验收；

二〇一六年，政和县义务教育均衡发展通过国家验收。

廖俊波把教育的种子撒在了政和县广阔的土地上，终于等到了生根发芽的一天。

吃下去能练成神功？

学生集体食物中毒？多么可怕！后果严重，中毒的学生需要及时抢救。

二〇一二年十一月八日的傍晚，邵惇妹下班回家，发现在石屯镇中心小学读三年级的儿子郑建锋恶心、呕吐。吃晚饭的时候，爱吃毛芋汤的郑建锋见了毛芋汤说没胃口，瞧一眼就走了。邵惇妹哄儿子坐到饭桌前，可他吃了几口又吐了。

邵惇妹慌了手脚，连忙带儿子到镇上看医生。医生说是感冒了，给郑建锋开了药，交代他多喝水，多休息。

可怕的是，郑建锋还是一直在呕吐，病情恶化了。邵惇妹急了，向其他同学打听到底出了什么事。原来，有同班同学从家里带来工业用的蓖麻子，分给大家吃了，说是吃下去能练成神功。

郑建锋的口袋里还有十多粒蓖麻子。她连忙把孩子送到县医院，并赶快把情况汇报给了校长。

校长马上组织排查，郑建锋班上居然有二十二名学生出现中毒症状。校长当机立断，将二十二名学生全部送进政和县医院。

半个小时后，县委书记廖俊波就赶来县医院，挨个儿查看中毒的学生，和家长一一谈话，向医生询问详细情况。廖俊波安慰家长们，医院一定会尽最大努力救治孩子，又嘱咐院长："马上给这些孩子开设绿色通道！"布置完这些，廖俊波就匆匆离去了。

廖俊波有更重要的事要做，他担心有的孩子不敢讲真话，症状不明显，耽误救治。因此，廖俊波带领教师和村干部跑到石屯镇的每一个村，挨家挨户询问孩子状况，一直跑到晚上十一点多，将全年级的学生全部排查了一遍，才放下心来，又连夜赶回县医院。

医生向家长们介绍，蓖麻毒素主要存在于蓖麻子中，容易损伤肝、肾等器官，导致出血、变性、坏死等病变。还会凝集和溶解红细胞，抑制麻痹心血管和呼吸中枢，中毒严重的将导致死亡。

医生的话很专业，家长们听得似懂非懂的，但最后四个字他们听懂了——"导致死亡"！二十二名学生大多是独生子女，家长们被吓住了，个个大惊失色。邵惇妹放心不下，孩子有个三长两短怎么得了？她哭成了泪人。

县医院非常重视这起学生集体中毒事故，马上联系南平市第一医院，请来了专家会诊。专家认为，包括郑建锋在内的八人中毒较为严重，需要马上转到南京军区福州总医院抢救。

等专家会诊完，已经快晚上十二点了，八名学生的父母急得像热锅上的蚂蚁，但毫无头绪。

廖俊波冒着严寒从村里再次赶来医院，他陪着八个孩子，跟四辆120救护车一起转院。

在之后的十天中，郑建锋的病情一度出现反复。廖俊波一直惦记着，他时常给家长们打电话，询问孩子们的病情，直到孩子们完全康复出院。

二十二名学生全部出院后,他们有一个共同的心愿:什么时候能见一见这位倾心关爱学生的县委书记?

吃下去能练成神功？

东涧美了还要干什么？

二〇一三年五月，廖俊波到铁山镇东涧村实地调研。刚下车，他看到几位老人在凉亭闲谈，便走上前和他们拉起了家常："老人家，身体好不好呀？生活怎么样？"

八十五岁的老人魏品琳说："身体还可以，村干部会做事，我们看了感到很高兴。"

廖俊波继续问："生活上还有什么困难吗？"

"我们村里喝的是山泉水，遇到下雨天，水就浑浊了，不卫生。"魏品琳说出了全村人最为苦恼的问题。

廖俊波把随同调研的住建局局长叫到身边，要求马上落实给村里建一座过滤池的工作。

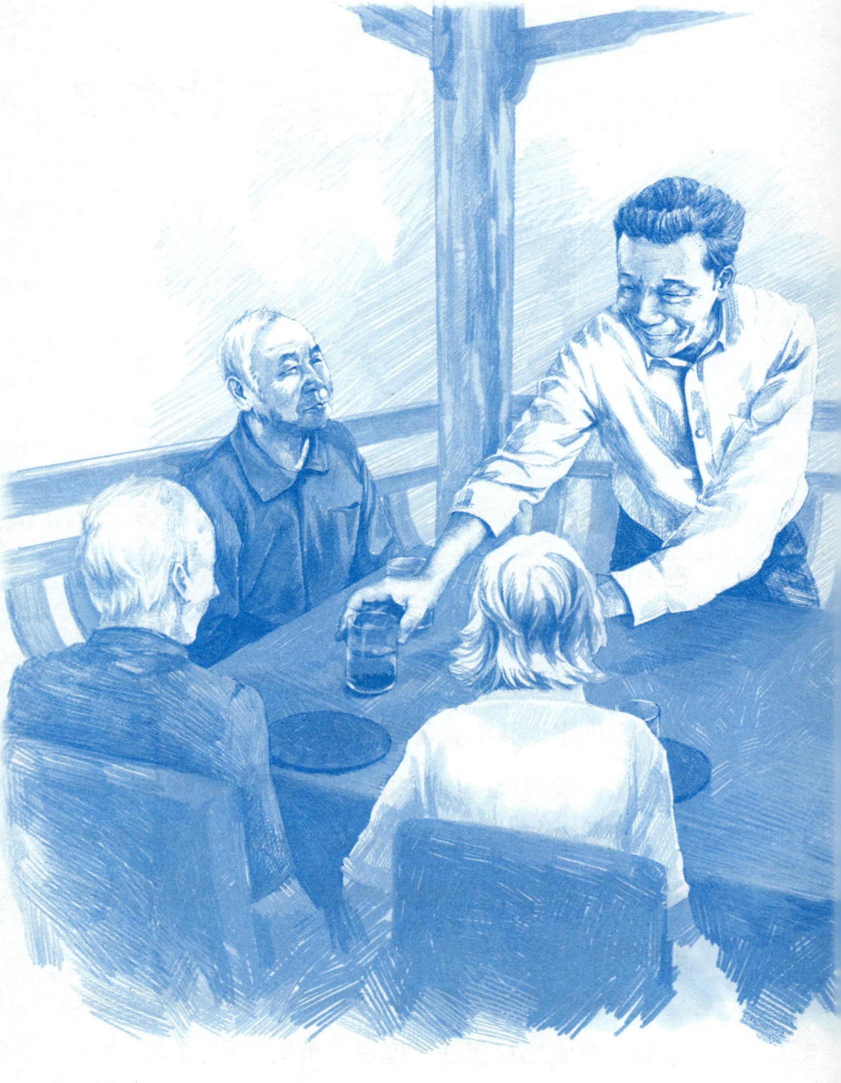

要知道，建一座过滤池可不是一两天的小事。经过两个月紧锣密鼓的施工，过滤池终于建好，实现了"污水从管走，雨水从沟走"。

村民们喝上了干净的水，纷纷对廖俊波竖起了大拇指。

东涧村不大，有八百多口人，村道垃圾满地，占道乱搭乱建现象严重。廖俊波认为，这种状况不改变，东涧村就谈不上生态美，百姓富，光靠一座过滤池是解决不了问题的。

于是，廖俊波在东涧村发动了一次"美丽行动"。

村民谢家富占道围起一个后院，他响应廖俊波的号召，抡起铁锤，砸倒了花圃和围墙。

七十二岁的张学坚老人腿脚不方便，但他每天早晨坚持做一件事：义务清扫广场上的垃圾。沟里有烟盒，只要他够得着，都要夹起来。张学坚老人说："廖俊波真心实意为村民办事，让我很感动，我也得做点贡献才对得起他。"

廖俊波还为东涧村争取到农村危房改造资金，在村里发动了一场改善村容村貌的"全村总动员"。

他为村里请来设计公司帮忙设计,将村里的三十六栋民房进行加固和立面翻新。资金不够,廖俊波就动员村民自己出工出力。他还同村民们一起动手,运来鹅卵石,把各户人家杂乱的院子进行了统一改造。

同时,全村八十五个旱厕也改造成水厕,建成七座垃圾屋,三个污水处理池,还聘请了保洁员。

村民吴雪贵的老屋也进行了立面改造,生土筑的外墙粉刷一新,勾出腰线,用真石漆修饰了门窗,古朴而规整。院前宽阔的空地用鹅卵石砌埂,围出了几块小菜园和小花圃,简单别致又不失乡村趣味。

这一天,廖俊波又来东涧村了,吴雪贵正在家门口忙活。他笑着给廖俊波介绍:"这几棵茶树是以前种的,那边准备种上一点儿花草,这边要种黄花菜。"他脸上洋溢着幸福的表情。

见家家户户都修这样的小菜园或者小花圃,不见先前胡乱堆放的杂物和乱砌乱盖的鸡窝猪圈,廖俊波由衷地高兴,问大家:"资金够吗?"

村民回答说:"鹅卵石是梅垄溪捞的,水泥是村里企业赞助的，工夫是自己的，不花什么钱。"

廖俊波一听，露出欣慰的笑容。廖俊波思考的是，东涧美了还要干什么？美了还要富呀，可是村里地少，从哪儿打开村民致富的突破口呢？

东涧村自然风景优美，空气清新，三面环山，适合翠竹生长，有千年古树和珍稀树种黄楠。廖俊波经过调研，发现东涧村有大片的空闲地。结合东涧村地处城郊、土地平坦、土壤肥沃、交通便利等优势，廖俊波提出发展规模化现代农业，打造"花海东涧"。

于是，廖俊波指导村民实行土地流转，由村里统一租给公司，进行集约经营。廖俊波还出面请福建欣和农林科技发展有限公司入驻，通过"公司+农户"模式，建起了千亩花卉示范基地，产品销往福州、杭州、上海等地。

花卉示范基地最忙的时候，一天要一二十个人摘花，一天可以采摘一万多枝鲜花。女工在基地摘摘花，除除草，每天就有八十元的收入。

三十二岁的村民魏陈木原来在厦门、上海等城市打工，干过理发，推销过酒水，当过服务生。回村后，他向公司承包了三十个大棚种花种菜，前三个月就赚了一万多元。

焕然一新的土坯房，一个个小花圃、小菜园，让远道而来的客人眼前一亮。随着"花海东涧"的建设，每天一拨又一拨的游人前来赏花，他们在花卉示范基地里走走，在村里转转，往森林里钻钻，去公园里逛逛。

这是现成的游客资源哪，廖俊波又推动乡村休闲旅游，发展农家乐。

村里建得很漂亮，来的游人很多，到了周末和节假日，村民们都忙不过来，客人得轮着吃饭。第一个开农家乐的村民潘少青没想到，她的"幸福农家乐"的生意这么好，很快，东涧村的农家乐、农家山庄增加到四家。

人气旺了，商机就多。村民陈子伟眼看"花海东涧"越来越火红，顺势成立政和县铭农茶竹产销专业合作社，数十户人家迅速加入合作社。

在陈子伟家的大厅，三排货架摆满了各种土特产，地瓜粉片、地瓜粉丝等都是从农民家中收来的。他还开办了网店，一批批土特产发往上海、福州等地。

在东涧人家的房前屋后,游客观赏到了月季、兰花、野百合、六月雪……惊讶之余,他们对东涧有了新的认知:一个爱花的村庄,能不美吗?

东涧村的菜园子建得像花园,村道干净整洁,公园里游人如织。村外田野的大棚里,农民整地挖沟,采花摘菜,一派美丽和谐的景象。

如今的东涧村,人气旺,村民富,全村超过一半的人口从事花卉产业,收入翻倍。前来东涧村旅游观光、休闲度假的外地游客更是络绎不绝,他们无论是在花海中漫步,还是在楠木林中静坐,都能享受到一份特有的轻松愉悦。

他为什么能记住一个农民的话？

政和县外屯乡，盛产含有丰富营养的莲子。

七八月是采摘莲蓬的最佳时期。清晨，村民划着小舟，在池塘中若隐若现，开始一天忙碌的采摘工作。为什么要选择清晨采摘呢？因为清晨这段时间，整个池塘里的莲蓬上满是露水，露水滋润着莲蓬，这个时候采摘下来的莲蓬最为新鲜，质量最好。

外屯乡虽然有种莲的传统，但有这么多莲花，还是跟廖俊波有关。

二〇一三年，廖俊波来到外屯乡洋屯莲子专业合作社调研，理事长许仁寿反映，当地的莲子品质好，销量大，但是缺乏资金，没办法扩大生产。大家提出了找银行贷款的办法，可是没有抵押物，贷不了款，这可难坏了大家。

廖俊波思来想去，每个乡镇都有自己的特色，如果每个乡镇都发挥自己的优势，搞差异化经营，就能把经营项目做专做精，村民的收入就能提高，大家就能过上更好的生活。但是，资金缺乏确实是个大问题。

于是，廖俊波大胆设想，如果用政府的扶贫贴息作为保证金，为农民提供小额扶贫贷款，是不是就可以解决这个问题呢？

带着这个疑问，廖俊波走访县里的银行，得到了银行的支持。

短短三年，廖俊波用二百万元扶贫贴息撬动支农信贷六千多万元，七百多户农民因此增加收入两千多万元。很快，镇前镇的油用牡丹项目、铁山镇的"花海东涧"项目、石屯镇的乡村旅游项目如雨后春笋般接连涌现。而这种服务"三农"的小额贷款金融平台，也成为全国经验。

在廖俊波的帮助下，合作社解决了莲子产业发展资金紧缺的困扰，莲花种植面积扩大到两千七百亩，年产莲子一百三十余吨，年产值达一千余万元。莲花种植规模扩大后，在种植期和收获期，可以解决当地二百多名农民的就业问题。

外屯乡的绿色无公害莲子颗粒饱满，肉嫩味香，很受消费者青睐。依靠莲子产业的发展，很多贫困户通过种植莲花实现了脱贫，年均收入达三万元左右。

莲子可以吃，莲花还可以看啊！廖俊波建议乡政府积极完善旅游配套设施，修建莲田栈道，打造特色"莲花宴"，举办莲花旅游文化节，把外屯乡打造成集休闲、观光、游览、美食、娱乐为一体的莲乡小镇。

每年夏天，外屯乡的莲蓬长成，村民们依旧忙碌于采摘莲蓬，充满丰收的喜悦。只是谁也忘不了廖俊波，忘不了那个帮助村民脱贫的金点子。

四面八方的游客慕名而来，他们寻一处幽静的农家，感受山中的明月清风、疏星稀雨，听取蝉鸣、蛙声一片。农民许仁寿带着游客走在田埂上，边走边讲廖俊波的故事。每一次讲解，这位农民都会讲起："我从没进过廖书记的办公室，都是这样走在田埂上和他说话,但他都记住了,记在了心上!他为什么能记住一个农民的话?因为他心里有农民。"

老姐，生意好吧？

石圳村位于政和县城西部的七星溪南岸，距城关仅五公里，地处七星溪河谷平原，地形近似半岛。石圳自古被称作风水宝地，那里山青林郁，流水潺潺，鸟语花香。村子背靠一座卧牛岗，优越的地理环境，让不少游客慕名而来。

如今的石圳村是远近闻名的特色风景区，然而，大家一定想不到，几年前，这里还是一个出了名的垃圾村。

故事要从二〇一三年九月说起。

有一次，袁云机带着孩子回娘家，空气中弥漫着刺鼻的恶臭。回家后，孩子对妈妈说："妈妈，我再也不去外婆家玩了，那里太脏了。"

在石圳村长大的袁云机眼看自己童年的美好家园落败到如今这种光景，心里很不是滋味。她动员村里的九个姐妹，用了三个月的时间，清理出了五百多车的垃圾。

这件事情很快就传到了廖俊波的耳朵里，他第一时间赶到石圳村了解情况。

"云机，你们几姐妹带了个好头啊！"廖俊波称赞道。

石圳村是历史上重要的水陆中转码头，历史上，七星溪在流经石圳时拐了个弯，形成深水码头，舟船往来，商客云集，给石圳带来数百年的繁荣。随着陆路交通的发达，石圳的航运业逐渐衰落，但石圳独特的生态环境优势还在，那些破旧的古屋，给人历史的沧桑感。这也是一种美，一种残缺的美，一种具有震撼力的美。

现在，虽然从一些老房子依稀还能看出点当年的繁华风光，但如今颓败的样子，让村民都抬不起头。

袁云机带廖俊波在村里走了一圈，村子中还保留着旅店、酒店、药店、金店、烟馆等老建筑的残貌，如今它们就像历尽风霜的世纪老人，倾诉着石圳曾经的辉煌。

袁云机痛惜地对廖俊波说："石圳村有几百年的历史，以前很繁华，现在青壮年都跑出去打工了，村集体没有一分钱收入，村民日子过得苦。"

廖俊波说："苦日子该到头了！村子干净，只是第一步。要是能绿起来，活起来，游起来，石圳就能创造财富。到那时候啊，男人们就都回来喽！"

大家听后笑了起来。这可不是一件小事，从哪里着手是个大问题。

看到了大家的疑虑，廖俊波接着说："绿起来，就是要结合古码头文化建设生态村；活起来，就是要引进适合的产业，让村民打工不出门；游起来，就是要发挥石圳靠近县城的优势，发展乡村旅游。"

从此，廖俊波每个月都要去石圳三四趟，每次见到袁云机，都会问她最近有什么想法，遇到了什么困难。每次临走时他总会说："小事不用请示，自己抓紧做起来；大事需要协调，随时打电话。"

为了让村民对这个大胆的创想有信心，廖俊波鼓励大家："放心干，赚钱的项目，你们自己投资；不赚钱的项目，我们县里、镇里来做。"

这一番话迅速点燃了大家的创业热情。经过廖俊波的牵线，水、电、桥、路、灯等基础设施很快完善起来。他还带着客商进村，自己拿话筒当导游，帮助引进了三家茶企，送来了几十辆休闲自行车。

细心的村民发现石圳村开始变得有活力，村民的心态也悄然改变。

丁彩女的房子紧靠进村的路口，地理位置特别好，可是家人苦于生计，长期在外打工，房门紧闭。二〇一四年春天，丁彩女回村时遇到了廖俊波，廖俊波对她说："老姐啊，你房子的位置这么好，不开个餐馆太可惜喽！"

丁彩女听了有点心动，可一听说要投钱，心里没底，难免犹豫。廖俊波心里明白，钱没赚到，还要先花钱，村民心里自然没底。

廖俊波继续说："老姐，只要你肯做，我们一起来想办法。"

说干就干，廖俊波帮助村民筹集资金，很快就把丁彩女等五家人的旧房子装修得古色古香，农家乐和自行车观光项目也随之兴起。石圳从垃圾村逐渐变成了风景优美的乡村，又逐步转变为游客接踵而至的旅游景区。

一年后，丁彩女在自家店里又见到了廖俊波。

"老姐，生意好吧？"廖俊波关切地问道。

"廖书记，您帮我们装修了房子，我学着把生意做起来了。刚开始不怎么样，有时一天赚不了几块钱，可我们相信您的话，咬着牙也要坚持。"丁彩女回答。

随着村里的旅游项目多起来，丁彩女的生意也红火了起来，有时候一天能赚到上千块。

二〇一五年，石圳被评为"国家3A级旅游景区"和"中国白茶小镇"，这对石圳村来说又是一个新的起点。

二〇一六年，全村旅游收入突破百万元，村集体收入达到四十万元。

有一百多个村民陆续回村创业，不少村里走出去的大学生，学成也选择回村创业，报效家乡。如今,周边县市,还有外省、外国的游客都到石圳村来了。最多的一天,石圳村接待了三万多名游客。

几年过去了,现在的石圳村实现了廖俊波当年为大家描绘的美好蓝图。走进村里,映入眼帘的是古朴典雅的鹅卵石巷道、古码头、古酒坊、古戏台,还有随着四季更迭变换的葡萄园、樱桃园、紫薇园、白茶手工作坊。

廖俊波提出的"绿起来,活起来,游起来"的发展思路,真的让石圳村富起来了。

如今,一批又一批的游客来到石圳村。他们想看看廖俊波为石圳村留下的"旧事乡味"四字牌匾,想寻觅廖俊波在村里留下的足迹。

"旧事乡味"是什么味?游客都很好奇。村民的解释是:"我们廖书记说了,不忘家乡的故事,不忘家乡的味道,这就是乡愁。"

一朵牡丹花的盛开怎么会让大家如此兴奋?

洲洲的爷爷外号"花痴",他看到花就拍,一拍就好多张。洲洲家的阳台上种满了各种各样的花,爷爷说了,就是要一年四季都能闻到花香。

这还不算,爷爷从自来水公司退休后,第二天就报名参加老年大学的美术班学画国画,而且只画牡丹。爷爷自豪地对洲洲说:"我这个花痴的称号,可不是浪得虚名。"

当然,花痴爷爷也有自己的烦恼,因为在阳台上种的牡丹总是瘦瘦的、小小的,拍出来很难看,更无法照着画画。无奈之下,爷爷只好买来几本牡丹画册,天天临摹。

爷爷最大的梦想就是周边有牡丹基地,可以让他拍照、写生、画画——总不能大老远跑到洛阳去画牡丹吧？从此，生活在福建省南平市的洲洲，上网查作业的时候，就开始留心附近哪里有牡丹基地。

古诗说，"谷雨三朝看牡丹"，洲洲知道，农历谷雨时节是牡丹的花期，所以牡丹也叫"谷雨花"。二〇一八年四月二十日谷雨这天，洲洲放学后搜索了一下牡丹基地，跳出来的竟然是政和县镇前镇郢地村。

洲洲拉爷爷到电脑屏幕前，爷爷戴上老花镜看了半天还是不信："这怎么可能？镇前镇我熟得很，那里的自来水管道还是我带队安装的，哪儿来的牡丹？网络新闻就是不靠谱，瞎吹。"

当爷爷看到廖俊波的照片，并读到这段话时，爷爷信了。新闻上说，廖俊波带领镇前镇村民利用高山区的资源优势，以牡丹产业为核心，通过建设油用牡丹基地和牡丹主题公园，促进乡村旅游发展，带动农民增收致富。

"网络不靠谱，廖俊波靠谱。拿口镇闹洪灾的那年，我去支援修复自来水管道，见过廖俊波，是个实诚人。"爷爷收起老花镜,关上电脑说,"走,跟我去镇前镇郢地村,现在就去!"

镇前镇是闽北重点老区镇,素有"闽北东大门"之称。二〇一四年四月,镇前镇郢地村开出了第一朵牡丹,基地负责人朱曦兴奋地拍下照片,告诉廖俊波这个好消息,廖俊波欣喜地回复:"辛苦付出,有了收获。"

这就不得不说到政和县特殊的地理条件了。政和县有一大半的地区海拔在一千米以上,属于高山区。为了帮老百姓寻找一条发家致富的道路,廖俊波一次次深入乡村调研。

他认为,政和县能不能脱贫致富,关键就看高山区。

在廖俊波的支持下,郢地村二〇一三年流转荒山荒田一千七百多亩,招商引资引进福建富之卿牡丹科技有限公司,种植了一千二百多亩油用和观赏牡丹,而且还在继续扩种。富之卿牡丹主题公园占地二百亩,园内牡丹种类丰富,拥有复色、红、白、粉、黄等九大色系六十五个品种。

廖俊波为什么主张种植油用牡丹?这油用牡丹

来头可不小，是结籽多、产量高、含油量高、有效成分高的牡丹品种。可是，牡丹的正常花期是从农历清明前后开始，到五一劳动节之间，前后只有四十几天，太短了。廖俊波建议，根据不同品种和不同花期，进行花期早中晚的搭配种植，再配种一些芍药，尽量延长整体的花期。

"花期越长，留住的客人就越多。"廖俊波说。

现在，郢地村的花期是六十天，整整两个月可以观赏。

牡丹基地建成以来，带动了郢地村成为福建省南国牡丹观赏园乡村旅游景点，全村近一半的村民加入油用牡丹合作社，推动了郢地国家级旅游扶贫重点贫困村的发展，实现了"产业兴与百姓富"有机结合，每年还为当地村民带来人均三千元的收入。村里贫困户全部被安排到牡丹产业基地务工，女工每个月可以赚一千多块钱，解决了她们家庭的一些困难。

牡丹产业已成为政和县高山区乡镇实施精准扶贫的又一个新兴项目。

洲洲和爷爷在一家民宿旅馆里住下来，院子

里，月光下的牡丹花茎弯弯的，叶绿绿的，黄黄的花蕊几乎被花瓣拢得看不见了。牡丹花色丰富多彩，花型千变万化。夜色朦胧中，花瓣看起来有很多层，多得数不过来。盛开的牡丹，像狂热的舞者；含苞待放的牡丹，像少女羞红的脸。

爷爷呢？在院子角落的台灯下找到爷爷时，洲洲笑了。原来，爷爷用清水浸透毛笔后，笔根部蘸白粉，笔尖蘸曙色牡丹红，调匀后再蘸一点儿胭脂，笔锋朝下，笔腹朝上，点在纸上，画出了两三瓣浅色的牡丹花瓣。

见洲洲过来，爷爷得意地说："终于见到满意的牡丹花了，我要分秒必争，抓紧画画，不然对不起扶持农民种牡丹的廖俊波。"

为什么不做电商呢?

"政和县经济难领跑,思路可领跑。"对于政和县的发展,廖俊波没有停止探索的脚步,他计划办电商园,借力"互联网+"。他说:"电商可以激活物流,突破时空局限,让山区经济来个'弯道超车'。"

二〇一五年的春天,廖俊波专程到黄垱村对电商进行调研。

一九八二年出生的张斌,家乡在政和县东平镇黄垱村,原来在上海打工的他回家乡做起了电商。廖俊波特意把张斌叫到办公室聊了一个多小时,从如何做第一单电商生意谈起,讨论到发展农村电商的设想。

为了推动政和县电商的发展,廖俊波在知识储备上下足了功夫。他委托电商从业者帮自己购买专业书籍自学;去淘宝卖家的工作室学习网店运营;向阿里巴巴农村淘宝事业部、国际事务部的工作人员虚心请教。

在廖俊波的推动下,五月,政和县建成电商产业孵化园;九月,政和县与阿里巴巴签约合作项目。这一年,政和县大力打造农村电商服务站体系,建成县级服务中心和五十三个村级服务站,实现快递到村,被评为全国电商发展百佳县、省级农村电商示范县。

二〇一六年一月,投资八个亿的同心电商创业园开工建设,吸引大批青年返乡创业。这里建成了两个线下体验馆,其中一个主要针对工业品下乡,另一个针对全县竹、茶、酒、旅游等多类农副产品,提供线上线下交易平台。全年电商交易额超八亿一千万元,既带动了大众创业,也推动了产业发展和农民增收。

二〇一七年,政和县入选第四批全国电子商务进农村综合示范县,得到中央财政的资金补助。

二〇一八年上半年，电子商务累计为当地百姓代购近十八万单，交易额达一千五百多万元，为农村群众节约消费支出一百五十多万元。

此前，为进一步推动电商扶贫落地，拓宽农副产品销售渠道，廖俊波举办了六期电商发展座谈会以及新媒体应用、电商政策等培训班，有五百多人参加，培养电商人才三百余人，这些人都成了政和县电商事业的骨干。

就这样，廖俊波充分利用互联网的发展机遇，填平了城市与山区之间的数字鸿沟，用"互联网+"为广大群众搭起创新创业的大舞台，走出一条"弯道超车"脱贫致富的农村电商发展之路。

如今，政和县电商产业孵化园摆放着琳琅满目的竹产品、茶产品、酒水与旅游产品。就是这些产品，把当地资源特色发挥到极致，推动了政和县电商产业的发展。

政和县的电商产业蓬勃发展，商家都说："电商好，怪不得政和县的年轻人爱电商。"

张斌听到就笑了："哪里只有我们年轻人爱电商？是廖书记更爱电商！"

建栈道需要多少钱？

七十一岁的政和烟草局退休干部张承富感慨万千，他怎么也没想到，自己给县委书记廖俊波发了一条短信，竟然帮助街坊们解决了多年的老大难问题。

张承富所在的社区背靠七星溪河滩，有十八栋建成多年的房子，小区出行的唯一通道是一条不到两米宽的小巷。多年来，由于河道漂流物的沉淀和居民随意倾倒垃圾，到了夏天，蚊子苍蝇就满天飞。

大家都希望能够改变现状，就找张承富商议对策。

张承富建议，在小区后面修建一条步行栈道，计划采取"民办公助"的方式，就是居民自己掏腰包，政府部门补贴一部分。

街坊们一致同意由张承富牵头成立理事会，负责栈道修建。可是，在河道上新建栈道要经过水利部门的准许，才能筹集资金。

张承富多方奔走，发现审批手续复杂，困难重重。水利部门的领导说了，栈道会影响河道排洪，暴雨来了怎么办？再说经费使用是要上级批的，不能随便做主。

就在张承富一筹莫展的时候，有朋友给他出了个主意，说新来的县委书记廖俊波很务实，可以找他帮忙。

抱着试试看的态度，张承富给廖俊波寄去了报告材料。盼呀盼，过了两个星期，依然杳无音信。

张承富又找人要了廖俊波的电话号码，给他发了一条短信，问他收到材料没有。

没想到，廖俊波马上回了条短信：报告没收到，下周一上午到我办公室面谈。

二〇一五年十月的一个上午，张承富一行三人抱着报告材料，来到了廖俊波的办公室。廖俊波热情接待了，耐心听完张承富的诉求后，他问道："修栈道需要多少钱？能自筹多少？"

张承富回答："大约六十万元，我们自筹百分之六十，需要政府解决百分之四十。"

廖俊波跟他说："放心，我们一起想办法。"

廖俊波立即召集有关部门负责人，将修栈道列为民心工程，帮忙协调落实建设资金。

栈道建设工程终于启动了！

建设过程中，廖俊波多次到实地查看，对负责建设的同志再三叮嘱："在河道上建设人行栈道一定要设计好，否则会影响排洪，影响安全，也影响城市的景观。要与江滨公园的建设统筹考虑，让栈道成为一道亮丽的风景线。"

二〇一六年九月，一条长一百多米、宽三米的水泥栈道建成，河道也收拾干净了。街坊们欢天喜地，放鞭炮庆祝。

张承富激动之余，给廖俊波发去短信：廖书记，栈道建成了，大家很高兴，祝您好人一生平安！

廖俊波很快回复了一条短信：表示祝贺！

居民们迎着和煦的阳光，走在栈道上，只见河边绿树婆娑，随风摇曳，就好比走进美丽的光影世界。水上漂着一层落叶，静谧，安宁，岁月在这里慢慢沉淀，凝固成永恒。

天天来这里散步的张承富逢人就说："在我们百姓眼里，廖俊波是一个好官，是和我们同坐一条板凳的自家人。"

哪有这样的副市长？

刁桂华是福建省南平市延平区一家食品饮料企业的老板，二〇一一年的一场大雨让她的旧厂房周边塌了方，厂房必须搬迁，她竞拍了一块新地。谁知道，缴纳了土地出让保证金后不久，她竟遭受飞来横祸——她成了一起非法拘禁案的犯罪嫌疑人，她被关进了外省的看守所。虽然最终检察机关决定不予起诉，可等到她恢复了人身自由，再去办理土地出让事宜时，有关部门告诉她，她需要缴纳上百万元的滞纳金。刁桂华的企业陷入了困境。

从此，倾家荡产的刁桂华不得不走上漫漫信访路，希望能够减免滞纳金。

她四处奔波，试图换取企业生存，然而希望渺茫。直到遇上廖俊波,她才看到一线曙光。

二〇一六年四月,一位政府工作人员悄悄给她指点:"等廖副市长接待群众那天,你再来。"

刁桂华将信将疑,抱着一线希望来到接待地点,那是她第一次见到廖俊波。

廖俊波认真听完情况后,微笑着说:"后面还有人等着,今天先这样,你留下材料和联系电话,咱们改天详细谈。"

一个星期过去了,刁桂华失望地以为,这次又是"竹篮打水一场空"。

不可思议的是,周六早上七点,手机铃声响了。"刁总,请问你今天有空吗?能不能到我办公室来一趟?"手机那头,传来廖俊波的声音。

刁桂华喜出望外,匆忙出门。堵车迟到的她心急如焚,加上身体虚弱,在市政府办公楼的楼道摔了一跤,小腿上蹭出几道血印子。廖俊波闻声出门,把她扶进办公室坐下。

"不要急,办法总比困难多。"廖俊波安慰道。

听到廖俊波温暖的话语,刁桂华的眼泪夺眶而出。

"真是老天开眼啊,让我碰上了好人!"刁桂华说。

她一边哭一边说,廖俊波一边问一边记,满满写了三页纸。最后,廖俊波递给她一张名片说:"再苦的日子,都会翻过去。你现在要专心把企业做好,把自己变强,以后的日子还很长。你的困难,我们一起想办法解决。"

廖俊波答应刁桂华,两个月内会给她答复。没想到的是,仅仅过了一个星期,刁桂华正在旧厂房里忙碌,廖俊波又打来电话,说要过来看看。

那天正好是五一假期,廖俊波冒着倾盆大雨,打出租车到刁桂华的旧厂房。刁桂华永远忘不了那个没有打伞、在雨中用手遮头、全身湿透、快步走来的身影。那一天,廖俊波把厂区走了个遍,发现厂房有多处由于山体滑坡被掩埋,他让刁桂华赶紧停产搬迁。他像兄长一样,和刁桂华谈起了办厂之道,提出很多建议:

"你做麦芽汁饮料,芽的根部可以留长一点儿。"

"这厂房确实小了。"

"你的锅炉房紧挨着你的办公室，这么做不符合安全生产要求，得抓紧整改。"

"我知道有家饮料企业，设备是新的，但没有订单，你们合作好不好？"

……

每一条建议，都说到刁桂华的心坎上。

廖俊波一走，刁桂华就告诉员工："这是我们的副市长，工厂有救了！"

"哪有这样的副市长？"大家都不敢相信眼前的一幕。

几天后，刁桂华又接到电话。"桂华，新厂房滞纳金不用缴了。"廖俊波兴高采烈地说。

一个月后，廖俊波亲自签字担保，刁桂华终于可以免缴滞纳金，拿到了新拍的土地使用证。

廖俊波劝刁桂华："不要纠结于过去，努力把企业的格局做大。"

此后，廖俊波一直关心她的企业发展，帮她牵线搭桥，联系产品代加工的工厂，还时常发短信、打电话询问新厂房建设的进展，仔细问厂房的开工许可证拿到了没有，食品许可证拿到了没有。

二〇一七年春节前，刁桂华给廖俊波发了条短信，想送给他一只土番鸭表示感谢。

廖俊波却说："不用客气，等你把厂房盖好，邀请我去你厂里，舀一瓢热热的麦芽汁给我尝尝就好。"

新厂有着落了，产品质量更好了，产量更高了。刁桂华的产品卖到了南非、东南亚，年销售额三亿元，下一个主攻市场是美国。

文化在哪里？

廖俊波曾说过："经济是体，文化是魂。社会的发展，离不开经济的发展，更离不开文化的繁荣。就像一个健全的人，身体很重要，精神也很重要。"

正是因为他拥有对文化的敬畏之心，才使得他在追求经济快速发展的同时保护珍贵的文物，极力平衡经济发展与文物保护之间的关系。

政和县连续三年进入全省县域经济发展"十佳"行列的同时，也克服重重困难，筹集资金，做好文物保护工作，先后对第一支部旧址、岭腰后山桥、铁坑殿等文物古迹进行修复。

爱好摄影和书法的廖俊波深知文化对一座城市

的影响，经济发展的同时不应该忽视文化的传承。市民广场、文化中心等项目相继竣工，不仅为政和县人民创造了更加宜居的环境，还创造了政和人的文化空间。

文化的繁荣离不开文化人的辛苦耕耘。廖俊波热爱艺术，也尊重和支持艺术家。政和县拥有丰厚的历史文化资源，优秀的文学创作者队伍，近年来屡出精品，共出版地方文化图书三十六部，被誉为"文学政和"现象。

政和县文联反映当地创作氛围浓、作者多，但迄今没有一份自己的文学刊物时，廖俊波当即批示，要求县政府解决创办刊物的经费问题。于是，《佛子山文学》应运而生。

《佛子山文学》创刊后，全面展示"文学政和"的创作成果，以文艺作品展示政和的历史文化、建设发展，抒发对生活的感悟与认知，发表的文学作品以赞美家乡、展示时代风采为主，内容贴近生活，贴近实际，贴近群众，以文学的视角和手法塑造政和形象，深受读者喜爱。

政和还是书法之乡，著名书法家颜真卿的第八代孙颜虬松就是开拓政和的先贤之一，他不仅在赤溪一带开辟田园，发展农耕，而且擅长医术，治病救人。本地书法家范安辉、张荣安、杨家洪、钟双平等也都佳作迭出，成果丰硕。

有一回，政和县职工书法协会举办一位书法家的个人书法展，请廖俊波来指导。廖俊波得知这位书法家很勤奋，有一定的造诣，高兴地答应了。谁知第二天临时有会，他还不忘嘱咐县委办公室打电话解释，并表示尽量赶去参展。临近中午十二点，廖俊波急匆匆地出现在展厅内，并笑着致歉。

诸如这种小事比比皆是，无不感动着、鼓舞着全县的文化艺术工作者。

廖俊波本着对艺术的热爱和对文化的敬畏之心，不但丰盈了自己的内心世界，还推动着整个城市走上一条经济、文化协调并进的科学发展之路。

什么是家庭真正的"不动产"？

　　一个家族的传承，要历经几代人的呵护与打磨，在漫长的时光中悄无声息地积淀，才能形成宝贵的精神命脉。

　　所以说，真正决定一个人教养的并不是他的家境，而是他的家风。家风，才是一个家庭真正的"不动产"。可见，家庭环境潜移默化地影响着我们每一个人。

　　"忠孝传家久，诗书继世长"，自立、顽强、本分、崇善，是廖家一脉传承的上善家风。

　　廖俊波小时候在浦城县管厝乡读书。

　　一个周末，他的发小谢荣军从城里回乡找他玩。一想到马上就可以一起去田里捉泥鳅、黄鳝，到山上采野果，谢荣军就兴奋不已。

刚踏进廖俊波的家门，却发现廖俊波正跪在地上。"这时候不好好读书，以后怎么办？万般皆下品，唯有读书高。只有掌握了知识，你才会成为有用的人。"此时，廖俊波的父亲廖芝根正大声训斥儿子。廖芝根平时对廖俊波管教很严。"男儿志在四方，只有念好书，才有机会走出去。"廖芝根对儿子自小就寄予了厚望。

廖俊波的父亲在乡镇工作，父亲认真的工作态度他从小就耳濡目染。比如用心处理信访问题，深入了解情况，帮群众解决问题。

身为小学老师的母亲，不仅教他要热爱学习，养成终身学习的习惯，还鼓励他要勇于探索，大胆创新。

在外人眼里，廖俊波是一个不折不扣的工作狂，但在家人眼里，他是一个热爱家庭、热爱生活的好儿子、好丈夫、好父亲，他的家人也给予了他足够的理解和支持。父亲每次都会宽慰他："组织信任你，你把工作做好了，不辜负组织，就是对父母的孝。"

有一次，廖俊波到北京出差，难得空出一个下午的时间，就跟同事陈智强通电话。陈智强知道，廖俊波的父母在北京跟他的妹妹一起生活，就建议他利用下午的时间去放松放松，探探亲。

没想到，廖俊波却说："看望父母应该放在晚上，下午是上班时间。"

上班时间不忙私事的廖俊波，工作总是排得满满当当，根本没有固定的休息时间。有时候他连续两个月都没时间回家，好不容易回一趟家，带上换洗的衣服又马上走了。

廖俊波多次承诺，要带父母出去旅游，只是从未兑现过。但难得与父母在一起时，他会在厨房帮母亲做饭，陪父亲下棋、聊天，廖俊波不忘给父母买一套衣服，添一双鞋子。他常跟妻子林莉说："家里的事让你费心了，我工作忙，逢年过节，别忘了给咱爸妈买东西，发信息。"

廖俊波爱家人，只是他把家人排在老百姓后面，把对家人的爱深深埋在了心底。

妻子和女儿的理解，父母的叮嘱，让廖俊波心无旁骛地投身于为老百姓服务的事业中。他身上流淌着奉献和付出的热血，这是他的家风。

廖俊波的清正廉洁，来源于他那代代相传的上善家风；坦坦荡荡的为人，则是来自闽北大环境的熏陶。他受武夷山的滋养，沐浴着闽越文化和朱子文化的精华。

在廖俊波书架的显眼位置，摆放着《闽北诗谭》与《闽北典故》。

《闽北典故》记载了宋时从这里走出去的理学家蔡元定，书中有一句名言："独行不愧影，独寝不愧衾。"衾就是被子。这句话的意思是，走路没有对不起影子，睡觉没有对不起被子，比喻为人光明磊落，问心无愧。

廖俊波也很敬仰朱熹，因为朱熹了解和体谅百姓。朱熹曾经蛰居南平境内的武夷山，兴办书院，著书立说。他一生做官时间不长，大多数时间过着边讲课边写作的生活，时常自己耕种收割，所以非常了解和体谅老百姓的苦难。

在廖俊波的老家浦城县，设有真德秀广场，立有南宋理学家真德秀的雕像。嘉定年间，真德秀担任泉州知州时，实行进出港优惠政策，减免了不合理的征税。很快，来刺桐港口从事商贸活动的外国商船增加到三十多艘，不但繁荣了商业，增加了税收，还改善了百姓生活。

在泉州期间，真德秀减轻了百姓负担。在边防工作方面，他还镇压了海寇，整顿和加强了海防。

中学时期的廖俊波，就很崇拜真德秀。自从真德秀广场建成后，廖俊波每次经过，都要仰望真德秀的雕像。

在方位上与浦城成对角线的南平市顺昌县，清代出了一位志士，名叫饶元。他听闻福建因叛乱而沦陷，毅然弃商从戎，并写下"忘身为国尘氛尽，荡产轻金粪土挥"的诗句，透着决绝的激越与豪迈。

饶元骁勇善战，被誉为"三边名将"，镇守洮岷边寨十余载，爱护百姓，深得百姓和部下的爱戴。一七〇三年，饶元告老还乡，洮岷各族百姓闻讯前来相送，队伍排到百里之外。

廖俊波从饶元身上看明白一个道理：只有爱护百姓的清官，才能得到百姓的爱戴。

蔡元定、朱熹、真德秀、饶元，既是当地的历史人物，也是伴随廖俊波成长的偶像。

　　这些先贤发出的铿锵声音，声声在耳。廖俊波把这些声音铭记在心，并在这一片土地上撒下金色的种子。

"悔教夫婿觅封侯",知道吗?

那是二十五年前的三月份,和以往一样平平常常的一天,廖俊波对妻子林莉说:"考你一句唐诗,'悔教夫婿觅封侯',知道吗?"

林莉知道,在王昌龄的一系列宫怨诗和闺怨诗中,《闺怨》尤为突出。诗中的后两句"忽见陌头杨柳色,悔教夫婿觅封侯",说的是一位丈夫远征他乡、自己独守空房的少妇,见到杨柳后忽然产生的联想和心理变化。

她淡然回答:"还不是娘子想相公了?"

廖俊波会心一笑,又认真起来:"莉子,我要转行去乡政府工作了,你要想清楚,会不会后悔呢?"

林莉不假思索地说:"不后悔。"

一句简单的"不后悔",林莉却用了整整二十五年来兑现这个诺言。她为了支持丈夫的工作,独自承担起家里的大小事务,毫无怨言。

廖俊波在政和县工作期间,每次林莉过去看他,他都是住在简陋的宿舍里。林莉看在眼里,疼在心头。

他笑着对妻子说:"我们清清白白做人,就可以安安稳稳睡觉。"

多年来,廖俊波把所有精力都投入到工作中,与家人聚少离多。有时候,妻子甚至需要预约才能跟他通上电话。虽然这不免让人觉得心酸,但是林莉深知,他的生命就在这一点一滴的付出和奉献中绽放着光芒。

林莉通情达理,从不跟丈夫廖俊波闹别扭。因为很久才能见一次面,所以,林莉非常珍惜在一起的每一刻,舍不得吵架。廖俊波不在的日子里积累的怨气,一见到他就消散了。当然,廖俊波幽默,温柔,就算林莉生气,也会被他轻松化解。他总有办法对林莉的付出表示感激,让妻子得到满足,感到值得。

知夫莫若妻。林莉知道，廖俊波投身于事业中时，就不完全属于他们的小家了，他是属于大家的。

组织上肯定他，百姓需要他，林莉最清楚丈夫廖俊波为什么总是那么乐此不疲、义无反顾，因为他生命的全部意义都在那里。

虽然很少陪伴家人，他却用心呵护着自己的小家庭。每年妻子生日，廖俊波都会变着法子给她一份惊喜。有一年，廖俊波忙完一天的工作，已经是夜里十点多了。在回家的路上，他还不忘买一大束鲜花，红玫瑰、白百合搭配着，还特意在周围点缀了一大圈蓝色的满天星。

妻子收到花的那一刻，兴奋得像个孩子，脸上洋溢着幸福的笑容。

有一年的七夕，女儿鼓动妈妈给爸爸一个惊喜。母女俩悄悄赶到政和县，没想到，廖俊波却到南平去开会了。晚上回政和县的时候，他特意给母女俩一人带了一盒巧克力，给妻子的那盒上面清晰地写着"你若安好，便是晴天"八个字。林莉心里瞬间觉得暖暖的。

林莉深知,廖俊波的爱是无声无息却充满力量的。他们一家三口的微信群,经常是林莉和女儿发言,廖俊波很少说话,有时,好几天也没时间说一句话,但是,只要有空,廖俊波就会认认真真翻看每条消息,觉得有什么需要和妻子交流的,都会在电话里沟通清楚。

妻子林莉坚守三尺讲台二十七年,廖俊波对她说:"孩子们喜欢你,你就多辛苦一些,不能误人子弟啊!"

林莉牢记在心。

二〇一七年三月十八日,雨淅淅沥沥下着,廖俊波忙了一整天,匆匆回到家,扒拉完几口饭便休息了。也是在那天中午,妻子林莉第一次看到廖俊波坐在床头,弓着身子,似乎在和疲惫进行抗争。他只留了几分钟让自己缓冲的时间,就拎起衣服和公文包,赶回武夷新区开会。

想到已经连续忙碌一星期、每天只睡两三个小时的丈夫,为了几个城市的招商引资不停奔波劳碌着,妻子心疼不已。

明知道拦不住廖俊波，林莉还是忍不住劝道："今天是周六，雨这么大，这个会又是你召集的，就不能推一推，明天再开吗？"

廖俊波坚定地说："会议已经安排好了，不能改呀！"

谁也没想到，廖俊波这一走，就再也没有回来。

一个小时后，林莉接到丈夫去世的噩耗，他甚至连一句话都没能留给妻子，就带着他的一腔热忱和无尽的爱离开了大家。

林莉泣不成声，她第一次感到后悔，后悔自己没有任性一次，后悔自己没有执意拦住他，不让他去开会。或许，那样就能留住他。

廖俊波走了，带着妻子林莉对他深深的思念走了，而他那动人的故事，始终感染着大家。

你是镇上最大的人吗?

有一种爱,默默无闻,却让人感到踏实;有一种爱,含蓄深沉,但使人充满力量;有一种爱,虽然没有过多华丽的修饰,却如同阳光般和煦温暖。这就是父爱。

孩子就要出生时,廖俊波对着即将临盆的妻子说:"莉子,不管是男孩还是女孩,孩子的名字都叫'质琪'好不好?品质似君子,温润如美玉。"

两个再简单不过的字暗含着廖俊波对孩子的全部期盼。

女儿小时候,廖俊波给她讲范仲淹为政清廉、体恤民情、力主改革的故事,讲"先天下之忧而忧,后天下之乐而乐"的古训。二十多年来,他也总是把这句古训牢记于心，极力践行自己的座右铭，潜移默化地为女儿做出了"为官一任，造福一方"的榜样。

廖俊波在担任邵武拿口镇镇长的时候，有一次，年幼的女儿廖质琪天真地问他："爸爸，你是拿口镇最大的人吗？"

"不，爸爸是全镇最小的人，因为爸爸是为全镇人服务的。"他回答得很认真，"群众最大，自己最小。"

一直忙于让百姓过上好日子的廖俊波，一次都没有参加过女儿的家长会，更没有参加过女儿的任何校园活动。

有一天，读高三的女儿放学回家，抱着母亲林莉伤心地哭了起来："老妈，我今天才知道，我竟然是个留守儿童！"

作为老师的林莉心里一紧，她了解到学校要求每名学生填写一份家庭信息报告，目的就是要了解留守学生的情况，对他们进行心理疏导。

女儿为什么说自己是留守儿童呢？因为当爸爸的廖俊波，已经两个多月没回家了。女儿止不住对

你是镇上最大的人吗?

父亲的思念，父亲无暇陪伴她，让她心里很不是滋味，但是，她心里比谁都明白，父亲是一个堂堂正正的男子汉，是她心目中最高大的人。

女儿无疑是廖俊波最引以为豪的"甜蜜的负担"，他的手机屏保画面是女儿的照片，他也总是得意地向同事展示这个"甜蜜的负担"。为了防止父亲过于忙碌，疏于运动，廖质琪规定，父亲每天要走一万步，由自己在"微信运动"上监督。经过廖俊波的一番讨价还价，"微信运动"的任务变成了八千步，他每天开心地完成女儿为自己布置的任务。

过了一段时间，加了廖俊波为微信好友的同事们发现，他默默退出了"微信运动"。同事们都表示不解，廖俊波笑着解释说："我每天才开始走几百步，你们就来点赞，没意思！不给你们看了。"

他的"任性"让同事们大笑不已。

"现在科技发展太快了，我要活到老，学到老。"廖质琪清晰地记得父亲说过这样一句话。她从小就知道，父亲是一个博览群书的人，家中的书房摆满了各种书：文学、经济、旅游、环保……种类繁多。

廖俊波非常珍惜在家的时光，他会抢着做家务，陪孩子。他爱学习，努力接触新鲜事物，缩小与女儿之间的代沟，像朋友一样跟她交流。他帮助女儿制订学习计划，分享读书体会。

二〇〇九年暑假，林莉和女儿去桂林旅游，返程时是周末，到达南平已是凌晨三点多钟。母女俩刚从车上下来，眼尖的女儿突然发现了公交站路灯下爸爸的身影。原来，廖俊波当天恰巧从浦城回到南平，他细心地记起她们回程的时间，在家煮好稀饭，炒好小菜，前来"接驾"。

"你们怕黑，有我在，你们就不怕了。"

那一桌热乎的清粥小炒，却成了廖俊波留给家人的亲自下厨的唯一记忆。

二〇一七年三月四日，女儿廖质琪在上海做毕业设计，父亲与她微信视频聊天，询问近况。突然，廖俊波说了句"我要开会去了"，就断线了。

这是父女俩的最后一次通话。

在整理父亲的遗物时，她发现，父亲最近在看的书，竟然是她放在家里的环境工程专业的教

中华先锋人物故事汇　廖俊波

科书。

她泪流不止,原来父亲竟是用这种方式默默关心自己,了解自己,努力想与女儿的世界靠得更近一些。只是父亲肩上有更重的任务,他不只属于这个小家,更是属于大家。

女儿廖质琪耳边又响起了父亲的那句话:"爸爸是全镇最小的人,因为爸爸是为全镇人服务的。"

《差距》到底在讲什么？

廖俊波带队第六次到中国人寿保险（集团）公司总部洽谈"国寿家园"项目时，他在一位高管的案头注意到了一本叫《差距》的新书。回来后，他马上委托同事在网上购买。这本《差距》到底在讲什么呢，让廖俊波恨不得马上就看？

《差距》讲述了在中国的强国之路上，我们和其他国家的差距在哪里。廖俊波爱不释手，通过阅读明白一个道理：中华民族的复兴之路，我们这一代人任重而道远。

不管在什么岗位上，廖俊波都坚持干什么学什么，结合工作需要有针对性地学习各方面的知识。因此，在工作中，廖俊波不仅能宏观指导，也能做到懂细节——工业懂，农业懂，电商也懂。知识面广是如何做到的？就两个字：读书！

廖俊波是一个名副其实的书痴。他常说："思想领先一拍，动作快人一步。"他总是能在繁忙的工作行程中，每天花上两个小时左右的时间来学习，从不懈怠。

每到一个新的岗位，廖俊波都会买来大量相关书籍认真"备课"，多年的读书笔记累积起来接近一米高。

廖俊波从物理教师转到邵武市政府办公室工作的时候，有大量文字工作，他总觉得自己功底不够，因此广泛涉猎各类书籍，博采众长。

邵武市新华书店的工作人员在统计当年购书卡的购买量时，发现购买图书最多的是一位名叫廖俊波的人。他们到处打听那个人是谁，后来才知道，年度购书"冠军"原来是邵武市政府办公室的工作人员。

廖俊波在政和县期间，六赴杭州招商，由于工作行程紧张，他总是婉拒朋友游西湖赏美景的邀约，有一回却挤出时间专程到书店抱回一大摞书。

古人读书有"三上"——马上、厕上和枕上，这种精神在廖俊波身上得到了很好的体现。他不仅见缝插针地学习，而且还带着问题读书。

驾驶员林军是廖俊波的"学习助手"，廖俊波经常把各种问题和答案抄在本子上，在工作间隙两人相处时，就让林军和他一问一答，以加强印象。

针对国内工业污染的实际问题，他去读《清洁生产概论》，这本书从倡导"循环经济"、推广"清洁生产"的理念出发，着重介绍清洁生产的概念、可持续发展战略的重要意义，是化工、钢铁、环保等行业的科研人员和管理人员的参考书。在阅读《清洁生产概论》一书时，廖俊波在书中多处圈点批注，记录了对武夷新区产业发展与生态建设的思考，寻找武夷新区产业发展的前瞻方案。

廖俊波还喜欢唐代诗人白居易的诗，白居易注重现实，追求通俗，强调讽喻。

"心中为念农桑苦，耳里如闻饥冻声。"这句诗生动而深刻地表达了诗人关心劳苦大众，惦念他们的温饱冷暖的情怀。诗人与百姓血肉相连，休戚与共，感人至深，催人泪下。廖俊波也经常借用白居易的这句诗,来表明心迹,自励自勉。

廖俊波还读过许多外国文学作品,对德裔美籍作家塞缪尔·乌尔曼的短文《年轻》情有独钟,甚至能背诵。

《年轻》首次在美国发表时,在广大读者中引起强烈反响,成千上万的读者把它抄下来当作座右铭收藏。跟青年座谈,廖俊波经常引用《年轻》片段:"年轻是情感活动中的一股勃勃的朝气,是人生春色深处的一缕东风。"

微笑,是他的习惯

从学生时代开始,廖俊波就是一个乐观的人,而且对个人形象很在意,虽然买不起时尚的衣服,但他一定做到干净整洁,注重仪表。到政府部门工作后,白衬衫、深色裤子、皮鞋成为他的标配。

到政和县上任时,廖俊波带了两样东西,一个行李箱,一块熨衣板。遇到重要场合,他更是西服笔挺,领带端正,发丝有序。

加上他俊朗的外貌和温暖的笑容,总是给人清清爽爽、精神抖擞的印象。和廖俊波相处过的人都说,他有一种特别的魔力,能够给人带来快乐,给人带来希望。

廖俊波总和老百姓打成一片,身影永远在工地和田间闪现,脸上总是洋溢着微笑,以实际行动展示一个可信可亲可敬的干部形象。他心里装着群众,到哪里都给老百姓办实事,办好事,群众看到他的笑容也感觉像阳光一样温暖。

"廖俊波像阳光,把温暖带给身边每一个人。"不止一个人选择了这个比喻形容廖俊波。

廖俊波的笑容有一种特别的亲和力,他从不发火,不摆领导架子,对年长的人永远称呼"老兄""大姐",对年轻人像朋友一样平等对待。他像阳光一样温暖和善,从不以怒生威,以官压人,而是笑对部下,以诚化人。

他诚恳的态度,和蔼可亲的面容,让每一个和他接触过的人都能感受到温暖与真诚。大家都喜欢看他上台演示,在投影仪面前,他声情并茂,豪情万丈,满面笑容,让人激动。

"我们只有一个共同的愿望,一切为了政和的光荣与梦想。"廖俊波操着一口"福建普通话",令政和人心潮澎湃。

为了吸引投资,改变贫困面貌,政和县所有审批部门组成联合工作组，廖俊波亲自任组长。廖俊波说："客观地说，我们在硬件条件上跟沿海比有差距，用什么来吸引客商？我们想最重要的就是我们投资的软环境。"

软环境首先要给客商笑脸，还要实打实地给企业解决实际问题，廖俊波认为诚意首先从改变政府的工作作风表现出来。

廖俊波刚到政和县工作的时候，门卫并不知道这个每次进出都对自己笑的人就是县委书记。后来，门卫发现，这个人经常工作到最晚，总是在半夜请自己开门，还对自己说："打扰你休息了，真是过意不去。"

有一天，这个人还给门卫送来小礼物，感谢他的工作配合。一个路过的干部见了很羡慕，跟门卫开玩笑："你真有面子啊，县委书记还给你送礼。"

门卫吓了一跳，原来这位竟然是县委书记廖俊波。

在政和县期间，廖俊波每年春节的固定工作任务就是看望基层干部。二〇一四年和二〇一五年的大年初二，他登门给十二个有征地任务村的村干部拜年。他在哪里，笑声就在哪里。

石屯镇是工业园区建设所在地，其中石屯村征地任务重。廖俊波第一次到村委会主任杨上生家，是二〇一四年的正月初二。事先没有通知，连个电话也没有，廖俊波就带着石屯镇的书记、镇长到了家门口。

按当地的民间习俗，新年前三天是不出门的。县委书记给村干部拜年，给大家带来笑声，带来问候，更是一种鼓舞。

二〇一五年十一月六日，佛子山项目开工仪式后，廖俊波要求所有村干部留下来与群众见个面。当廖俊波跟征地群众谈笑风生的时候，大家没有想到，附近五六个村的干部，他几乎都能叫出名字来。

就在廖俊波殉职的前一天晚上，廖俊波还在和同事们开会研究工作到凌晨两点，大家不仅没有感到疲惫，反而被他描绘的武夷新区的美好前景所鼓舞，越开越兴奋，办公室里充满了欢声笑语。

在产业谋划、项目建设上，他是个专家、高

手，是一位连水泥标号都看得懂、连土方量都算得出的领导。乐观的生活态度，丰厚的知识储备，过人的专业能力，对事业的信心，是廖俊波快乐工作的秘诀。

领导，您不觉得累吗？

"工作是快乐的！"廖俊波经常这么对身边的同事说。

一九六八年出生，属猴的他，恨不得把自己变成有三头六臂的孙悟空，能一个筋斗翻出十万八千里，能把一天掰成两天用。

他的足迹踏遍浙江、上海、广东等地。在主政荣华山产业组团的四年时间，他的车就奔波了三十六万公里，这辆车号"00613"的越野车可以做证，廖俊波是一个"车轮上的领导"。

在这遥远的行程背后，廖俊波舍弃了全部节假日，不知疲倦地拜访了无数客商，引进了众多项目。在武夷新区，他曾三天跑了四个省，会见了六批客商。

南平市搞"百日攻坚"的时候，廖俊波挂帅的项目有几十项。他不是在工作，就是在去工作的路上。他是个"三无"人员：无固定工作地点，在车上，在饭桌上，在工地上，在田间地头，随时办公；无固定作息时间，每天起早贪黑，食宿不定；无固定节假日，节假日常在外奔波招商。

"周末不周末，关键看有没有事，有事就没有周末。"这是他常挂在嘴边的一句话。

廖俊波的车上有自己的特殊"装备"：雨鞋、雨伞、换洗衣服，还有一床薄薄的被子，摊开可以盖在身上睡觉，收起来可以靠在身后当枕头。

每次抵达目的地，廖俊波约谈客商，司机林军就打开薄被在车上打盹儿，为回程养好精神；当林军驾车返程时，这床薄被又盖在了疲惫的廖俊波身上，让他能在后座眯上一会儿。

有一次，他们回到浦城已是后半夜了，困倦的林军有点情绪地问："领导，您不觉得累吗？"

廖俊波笑着回答："带孩子够辛苦吧？但父母为何乐在其中呢？因为信念！心里有信念，就不会觉得累。"

廖俊波除了每天睡几个小时,永远都在工作。出差一起住宾馆,同屋的人半夜醒来,经常被他吓一跳:廖俊波坐在床头,不知道在笔记本上写些什么。

跟时间赛跑的廖俊波总是感叹:"如果一天有四十八小时该多好啊!"

在武夷新区管委会工作时,廖俊波往往是最后一个下班的人。他有时会被锁在办公室里,不得不打电话向保安求援。每次出差回到南平,不管多晚,他都要先到武夷新区的工地上转一圈,看一眼才放心。

二〇一七年三月十六日晚上十点半,廖俊波从北京出差回来,刚下火车就直奔武夷新区工地。那几天经常下雨,工地增加了铺设片石的预算,他一直放心不下。在现场,他看到车辆把片石运到工地,询问了有关情况才安心离开。

有时两个会要连着开,他趁中间休息的五分钟的空当,用一盒快餐就把晚饭打发了。他的办公室里永远散落着用来临时充饥的方便面和饼干。

有一天，廖俊波一起床就开会，到十点才散，他走进老上级武勇的办公室，看到有几块吃剩的饼干，撕开包装就往嘴里塞。

"老哥，早上太忙，还没吃早饭呢！"廖俊波咽下饼干才说。

后来，武勇拿了两盒饼干送给他。

廖俊波笑谈自己"什么都快"：恋爱快，结婚快，生孩子快，生活节奏快，工作节奏更快。

刚开始，大家觉得这个干什么都快的廖俊波是个工作狂，不近人情，不讲交情，也缺乏生活趣味。久而久之，大家都知道他就是这种人，从不拉拉扯扯，三句话不离工作。再熟悉的朋友找他办私事，他都会拿原则当挡箭牌，直截了当地拒绝。时间一长，大家反而更愿意跟廖俊波打交道，因为他简单，直接，热情。

因此，同事都说廖俊波是"阳光干部"，因为他坦坦荡荡，光明磊落，通体透亮，没有杂质。

在大家看来，廖俊波像极了一头老黄牛，一生勤勤恳恳、兢兢业业在土地上劳作着，吃的是草，挤的是奶。

廖俊波比别人忙，忙在认真；比别人累，累在细致。陈智强是南平实业集团的总经理，负责武夷智谷软件园项目的建设工作。他陪廖俊波去福建省联通公司出差，商谈共建大数据中心的事宜。在返程的车上，廖俊波问他："关于对方提出的双回路、地板承重等问题，你知道怎么解决吗？"

"我知道，没问题。"

"什么没问题？你根本解决不了！"廖俊波指出其中的困难。

陈智强惊出一身冷汗，这些困难他还真解决不了。廖俊波又立刻帮他提出了解决方案。

"细节决定成败，凡事必须提前谋划。"陈智强说，"跟廖市长接触，我实在是受益太多了。"

他是真的不近人情吗?

廖俊波十分喜欢明代政治家于谦的《石灰吟》中的两句诗:"粉身碎骨浑不怕,要留清白在人间。"

早在担任邵武市拿口镇党委书记的时候,廖俊波的老同学送来两条香烟,他让镇里的纪委书记余道宗退回去。余道宗认为,老同学嘛,送两条香烟也无可厚非。廖俊波却说:"我这个同学是做工程的,他哪里是送老同学哟,他可是送给廖书记的。"

二〇〇六年五月,从邵武调到南平的第二天,廖俊波就要买房子。钱不够,就买套二手房;还是不够,把老家的房子卖了,又找亲戚凑了些钱。最后他们在一个普通的居民小区里买下一套二手房。

廖俊波告诉妻子，自己现在是市政府副秘书长，负责协调、联系城建工作，少不了要跟开发商打交道。早早把房子买下，以后工作上就可以省下不少麻烦，连一个见面寒暄的由头都不能给他们。

廖俊波说："管城建有风险，会招来开发商的'围猎'。咱们有房，就可以一句话打发他们，也不会招人议论。"

二〇一一年六月，政和县迎来新任县委书记廖俊波。刚上任，大家就感受到了廖俊波的与众不同。

廖俊波定下一条规矩：除了讨论保密工作，自己办公室的门必须敞开。"为百姓办事，没什么见不得人的，还是打开大门说话好。"

有时客商来访，进办公室后习惯性地带上门，县委办公室的同志总是记着书记的"规矩"，特意将办公室的门打开。

在一次和客商交谈的过程中，廖俊波办公桌上的一堆文件里被塞进了一张购物卡。几天后，廖俊波在整理文件时发现了，交代县委办公室上交纪委。

"事业要上去,干部要成长,队伍不出事。"廖俊波常说,不能事业上去,干部倒下,他常提醒干部要自我保护,洁身自好,大会小会反复"唠叨"。

作为县委书记,廖俊波常年下企业,却没有在企业吃过一顿饭。每次遇到企业主盛情邀请,廖俊波总是委婉地拒绝:"下次我请你吧,今天确实太忙了。"下农村,也是到饭点就回城。

一次,一位与他很熟的外地客商拎了一盒海产品来看他,廖俊波一直追到电梯口,坚决退回。他认真地说:"你来找我,咱是朋友。你提着东西来,咱俩就不是朋友关系了,而是利益关系,这就把我这个朋友看轻了。"

二〇一五年,政和县一家乡村竹木制品企业想在县城物色一栋办公楼。这家企业是县里的重点项目,经过廖俊波的协调,他们买下了一栋楼。眼看房地产很红火,老板想拆掉楼,盖成商品房出售。

一天下午,老板来廖俊波办公室提出他的计划。"不行,别说盖商品房,就是分割成小间当店面出租,我都不会同意。规划用地,不能改变用途。"廖俊波断然拒绝。

老板放下一只盒子说:"这是我们厂生产的竹炭袜,请书记试一试。"

廖俊波表示感谢,留下了竹炭袜。当晚,廖俊波结束工作后打开盒子一看,里面竟然装满了钞票。廖俊波非常生气,把驾驶员林军和县委办公室副主任陈善军叫到办公室,让他们俩去把钱退了。

林军和陈善军数了数,有二十万元。林军找到老板家,退还这笔钱,可是老板不肯开门。林军常在廖俊波身边耳濡目染,抛下一句狠话:"那我拎到纪委去了!"

那位老板赶紧开门,收回了这笔钱。

二〇一五年六月,廖俊波被中共中央组织部授予"全国优秀县委书记"称号,廖俊波想穿上新皮鞋去北京接受表彰。

一天晚上,廖俊波发了个链接给张斌,请他帮忙买一双皮鞋。皮鞋到货后,廖俊波坚持要付皮鞋钱。张斌知道,这双皮鞋是廖俊波准备去北京接受表彰时穿的,他说:"书记,这双皮鞋就当是我送给您的吧，祝贺您被评为全国优秀县委书记。"

"不行，皮鞋钱必须得给你。"廖俊波坚决地说。到南平市任职前，他又让张斌帮忙买了一双一模一样的皮鞋，仍然坚持付了钱。

在荣华山，在政和县，在武夷新区，他都在大会上强调："谁要是打着我的旗号搞工程，你们要马上拒绝，我没有这样的亲戚。"

廖俊波跟父亲"约法三章"：父亲到政和县只能住在朋友家，不能住宾馆，不能接受任何人任何单位请吃饭。父亲懂儿子，前后六次来政和县，都按他说的办。廖俊波的一位中学同学经常去看望他父亲，老人喜欢下棋，这位同学就陪着下棋；老人喜欢兰花，这位同学就陪着上山找。

同学想通过廖俊波得到关照提拔，老爷子过意不去，开了口。

廖俊波却找来这位同学说："我们是多年的好兄弟，政治上要讲规矩，要凭真本事。"

廖俊波有两个妹妹，分别在北京和福州工作。福州这个妹妹至今是一名普通的企业工人，他对妹妹说："职工也一样能干得出彩。"

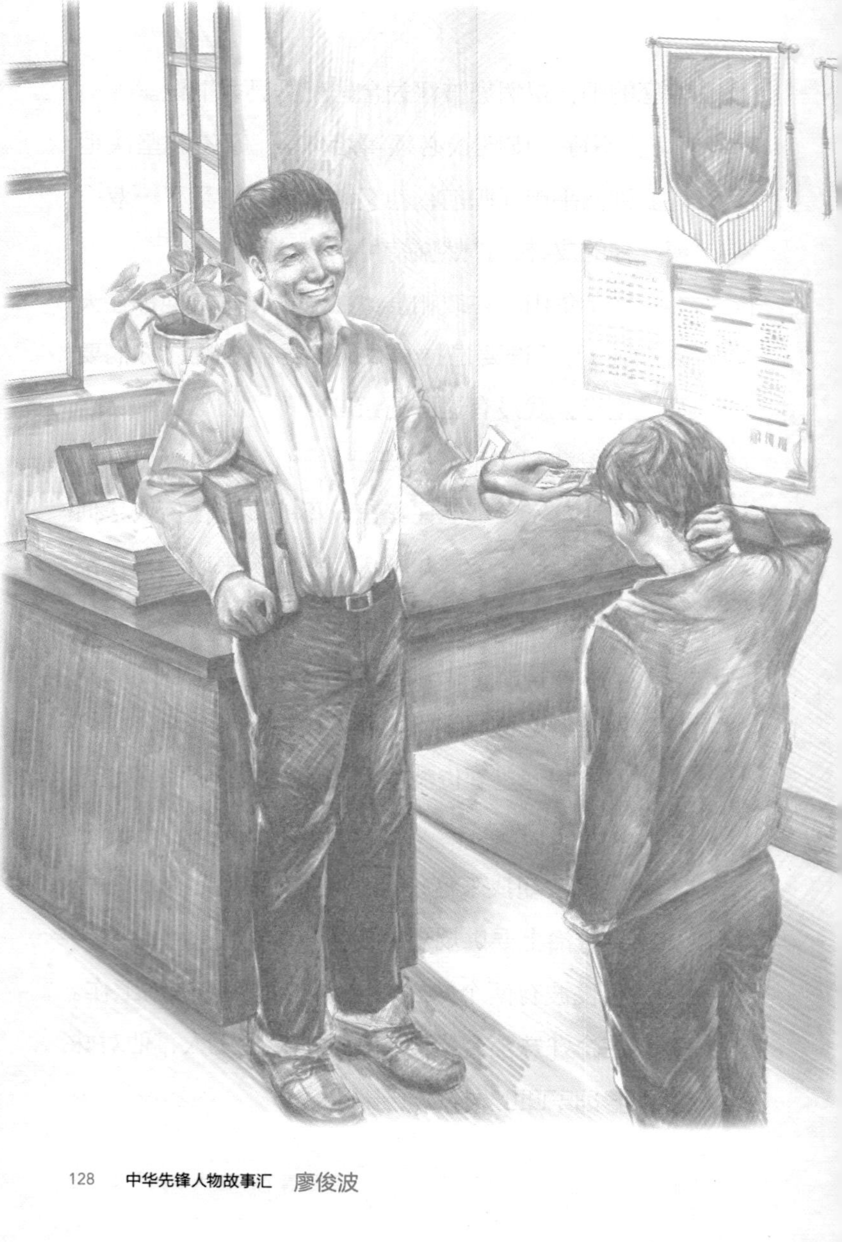

妻子林莉的大哥在基层中学当了十年教务处副主任，也没因他是领导而得到提拔或者换到条件更好的地方去。二哥下岗，也没去找廖俊波，自己到私企找了份工作。

除了自己的同事和朋友，林莉不会接其他人的电话；晚上有人敲门，从猫眼看一下，是不认识的人或手上拿东西的人，就不开门，就怕有人送礼，惹来麻烦。

二○一七年三月十一日，廖俊波去江苏连云港洽谈项目时，因为赶路错过了午饭，只好在机场餐厅匆匆吃了一碗面条。八十元一碗的海鲜卤面，让廖俊波心疼了好几天。也许是吃不惯海鲜的缘故，这碗昂贵的面条让廖俊波闹了几天肚子。廖俊波打趣说："我这个胃不配吃好东西咧，那可能是我这辈子吃过的最贵的一碗面。"

三月十四日，廖俊波前往北京对接武夷新区航天产业园项目。为了节约时间，午饭就在中国航天科技集团有限公司的办公室里将就。每人两个烧饼、一碗红豆汤、一碟拍黄瓜，双方一边吃一边谈，会谈结束，又坐了十一站地铁，对接下一个项目。

跟廖俊波打交道的企业家起先都有怨言，觉得他不近人情，不懂礼尚往来。渐渐地，他们明白了，廖俊波也是讲礼尚往来的。廖俊波倾心帮助他们办好企业，企业做大做强，回馈当地，回馈社会，回馈百姓。这，就是廖俊波的礼尚往来。

大爱真的有回应？

爱不一定有回报，但爱是一定有回应的。回报是金钱的、经济的、有价的，而回应是爱与爱的交流，是无价的。

廖俊波爱学生，爱群众，爱干部，爱家人，他的大爱，他的付出，没有得到金钱的回报，却得到了爱的回应——学生爱他，群众爱他，干部爱他，家人爱他。

廖俊波的家安在南平市一栋普通居民楼里。小区门口是窄窄的街道，两边的小商铺有装修店、房地产中介、福利彩票销售点，有小餐馆、烟酒行，还有卖主食的、卖水果的、卖猪肉的……

就这样，廖俊波的日常生活融进了市井喧嚣，融进了万家灯火。邻居偶尔会碰到他，但几乎没人知道他是谁，也没人在乎他是谁。

二〇一七年三月十八日傍晚，大雨如注。此时，廖俊波正准备从南平市区赶往一百多公里外的武夷新区。这一天是星期六，六点半左右，廖俊波简单收拾后，就从家里出发了。如果行程顺利，他将主持当晚八点召开的项目建设专题会。

"我们都要练就一上车就睡的本事，一天下来，也只有在车里这段时间能休息了。"坐在副驾驶位的南平市政府办公室干部吴慧强转过身来说话时，发现廖俊波已睡着了。

晚七时许，倾盆大雨中的高速公路上，被暴雨惊醒的廖俊波给同事打电话："路上下大雨了，估计晚到一会儿，请大家准备八点半开会。"

不久后，意外发生了：车辆在雨中失控侧滑，撞上了右侧的防护栏。猛烈的撞击中，廖俊波被甩出车身，重重地砸向金属防护栏。

年仅四十八岁的廖俊波，就这样离开了他热爱的土地和人民，没有留下只言片语。

噩耗如雨中惊雷，传遍南平，传遍福建，传遍干部群众。

这是哀伤恸哭的一夜!

这是泪如雨下的一夜!

这是通宵难眠的一夜!

这一夜,流尽了闽北人民的热泪。

那个总是笑对困难的廖俊波走了;

那个身影永远在工地和田间的廖俊波走了;

那个发誓要改变山区落后面貌、让百姓过上幸福生活的廖俊波走了。

武夷新区党工委书记的办公室,成堆的文件、整排的书籍、拆开的饼干、翻开的台历都在静默地等待,等待它们的主人平安归来。它们不知道,那个与它们朝夕相处的主人,再也回不来了。

二〇一七年三月二十四日,人们从邵武、浦城、政和、武夷新区等地赶来,就为了见廖俊波最后一面。有的农民凌晨四点从政和县高山乡镇拼车出发,有的工人头天晚上就在南平市区宾馆住下,政和经济开发区的企业家组团到南平参加追悼会,武夷新区的干部争着抢着来为他守灵……

人们排起见不到头的队伍,向廖俊波的遗体

鞠躬告别。哀悼者络绎不绝,有来自中国北京、福州以及香港地区的,还有来自美国、菲律宾的。送别的人群将附近的街道挤得水泄不通。

一千多个沉默的花圈,上千副低垂的挽联,诉说着人们心中的巨大悲痛。短短七天里,参与悼念的人超过四十一万。

无数认识或不认识廖俊波的人自发通过文章、诗歌、留言怀念他,寄托哀思。

爱他的人们呼唤着:廖俊波,回来吧!回到你魂牵梦绕的故乡,回到邵武,回到浦城,回到政和,回到武夷新区,回到你爱着的,也爱着你的人们中间。